本書係「敦煌文獻系統性保護整理出版工程」項目成果

二〇二一—二〇三五年國家古籍工作規劃重點出版項目

「十四五」國家重點出版物出版規劃項目

國家古籍整理出版專項經費資助項目

中國國家圖書館藏
敦煌文獻

中國國家圖書館 編

第三三冊

BD00453～BD00463

國家圖書館出版社

DUNHUANG MANUSCRIPTS IN THE NATIONAL LIBRARY OF CHINA

033

BD00453 ~ BD00463

compiled by the

National Library of China

National Library of China Publishing House

凡例

一　本書刊布中國國家圖書館藏敦煌文獻，以館藏編號爲序編排。

二　館藏編號采用「BD+流水號」格式，如 BD00001, BD16579 等。背面在編號後加 v 表示。一個編號包含多件文獻者，編號後分別綴以字母 A, B, C 等。一件文獻含有多個内容者，以數字 -1, -2, -3 等標明順序。

三　圖版有縮印或放大處另加説明，尺寸超出本書幅面的以摺葉形式呈現。

四　卷軸裝、梵夾裝、經摺裝等裝幀形制的敦煌文獻，各附外觀圖像。

五　每件文獻依次呈現外觀、正面、背面等。背面僅刊布有文字、圖像或其他要素的圖版，而略去素紙部分，背面圖版同樣以從右到左順序編排。凡有外題者，遵從以上原則。

六　除個別特殊情况外，爲保證閲讀連貫、流暢，圖版儘量通欄呈現。

七　各葉上方附該件文獻全圖，以高亮形式顯示本葉大圖在全卷中的位置。部分長卷文獻全圖衹能分多段呈現時，在上段末以符標示下段接續。卷尾内容不足一葉時，文獻全圖使用該圖卷尾部分，亦以符標示。背面圖版文字與正面文字方向相反時，文獻全圖按原貌顯示，正文翻轉呈現，以便閲讀研究，用符標示。

八　文獻題名大體沿用中國國家圖書館此前所編多部敦煌文獻目録的考證，部分吸收學界最新研究成果略作調整和完善。文獻題名綜合參考原卷首題、尾題、外題確定，如原卷題名與該文獻正式名稱不同，則采用正式名稱；無題名者，或比定題名，或擬定新名。非漢文文獻在題名前標注語種。有分卷不同等其他情况者，括注於文獻名稱後。

九　本書著録使用通行繁體字，涉及原文中的人名、地名等，必要時保留原字形。

About this publication

1. The documents are presented in shelfmark order.
2. The shelfmarks are in the form BD plus a running number, eg. BD00001, BD16579, &c. If a given shelfmark contains multiple documents, these are distinguished by the letters A, B, C, &c. If a document has multiple contents, they are distinguished by the numbering 1, 2, 3, &c. The verso side of an item is indicated by the letter v.
3. If it has been necessary to reduce or enlarge the size of an illustration, the dimensions are indicated. If the size of an illustration exceeds the size of the book, a folding sheet is used.
4. If the document is a scroll, a folded sutra, or has a stitched binding, a picture of the whole object is provided to show its external appearance.
5. The cover, front, and back of each document are reproduced in sequence. The back of a document is only reproduced if it contains text, illustrations, or other markings, and it is oriented from right to left. If it is blank it is not reproduced.
6. Except in a few special cases, the lines of text are reproduced unbroken to make them coherent and easier to read.
7. An illustration of the complete document is reproduced at the top of each page, and the section where the main illustration appears is highlighted in order to indicate its position. If it has only been possible to reproduce a long scroll in sections, the direction symbol ❮ has been used to indicate where one illustration ends and the next one begins. If the end of the scroll occupies less than one page, the direction symbol ❮ is used to indicate its position in the illustration of the complete document. If the text on the back of the document has a different orientation from the text on the front, it is reproduced as it is, but is also rotated (indicated with the rotation symbol ⦿) so that it can be read easily.
8. The titles of the documents generally conform with those already established by the Library, but in some cases have been amended by drawing on the most recent scholarly research. The titles are derived firstly from the beginning of the text, then from the end of the text, and lastly from the cover. If the title of a document differs from its authoritative form, the authoritative form is used; and if a document has no title, one is either supplied by comparison with similar documents, or a new one is devised. If the document is not in Chinese, its language is indicated before the title. If the number of juan is different from that of the authoritative version, or if there are other irregularities, this is noted.
9. The documents in the book are in traditional Chinese characters. Where the title contains personal or place names, the original characters used for these names are retained.

(Translated by David Helliwell)

第三三册目録

BD00453-1　大僧與比丘作羯磨文（擬）

BD00453-2　大僧與比丘尼作羯磨文

BD00453v　大義章

（隋）明及　撰

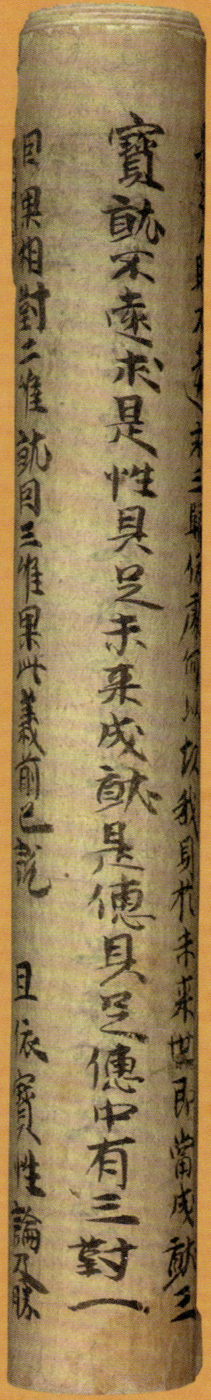

423cm × 28cm

……如是

一切我和合羯磨人綴疊衣手捉

長老憶念是羯磨　大德僧聽僧得此時衣作竟僧

今受迦絺那衣白如是　大德僧聽僧得此時衣作竟

僧今受此迦絺那衣諸大德忍受此迦絺那衣竟僧

忍嘿然故是事如是持　應埤疊此衣著着中衆華散

上應從上坐次第作隨喜受言　大德憶念僧於此住

處受迦絺那衣我比丘某甲隨意受齊冬四月隨所住處

僧欲捨迦絺那衣文至十月盡

捨大僧中應作是唱　空

諦我當捨如是三說

大德僧聽今日捨迦絺那衣　如是三說

出殘行

十誦律受日文　出本律序　第三卷成文

大德僧聽我比丘某甲受卅九夜僧事故出界是處安居

自恣慈愍故　如是三說　應一比丘僧中唱言大德僧聽某

甲比丘受卅九夜僧事故出界是處安居自恣若僧

時到僧忍聽某甲比丘受卅九夜僧事故出界是安
居自恣白如是　大德僧聽某甲比丘受卅九夜、
僧事故出界是處安居自恣誰諸大德忍某甲比
丘受卅九夜僧事故出界是處安居自恣者嘿然誰
不忍者說僧已僧聽某甲比丘卅九夜僧事故出界
是處安居自恣竟僧忍嘿然故是事如是持
十誦律作檀越淨法　檀一序中律文
瓶沙王命終時諸比丘互相謂言我等將不內宿耶
佛言比丘海謂瓶沙王死故內宿耶阿闍世王代處故不
名內宿　七法藥法中律文佛言從今日不聽海作淨地
羯磨若得作突吉羅罪先者應捨此捨淨地經文
非此一處有捨淨地經文　依十誦律不聽許計淨地一切
僧食具謂一白衣作施主語言衆僧今請檀越作施主
[illegible]所有一切[illegible]

BD00453－1　大僧與比丘作羯磨文（擬）

僧食具謂一白衣作施主語言衆僧令請檀越作施主
僧家所有一切熟食具皆作檀越物竟於衆僧受用
如是淨施主施主許施竟僧家自有更餘處得來但使
一切屬僧生熟食具皆不犯内宿内煮若先不作淨今始
欲立者先所有瓦器大僧觸者盡是不淨將与沙彌
尼及白衣家博換所得來器大僧不得手觸若銅錢
失燒即淨不須博易也若寺先有造寺檀越亦須請作
施主何以如此衆僧家物不必盡是一施主家所出要須
請作施主竟後更餘處得來者亦屬此檀越主衆僧
得淨也

分衣物及忘者衣物法第八　僧分物羯磨文

大德僧聽此處若衣若非衣現前僧應分若僧時到僧忍
僧今与比丘某甲彼比丘某甲當還与僧白如是
大德僧聽此住處若衣若非衣現前僧應分僧今与比丘
某彼比丘某甲當還与僧誰諸長老忍[illegible]

衣現前僧應分僧今与比丘某甲彼比丘某甲當還与僧者
嘿然誰不忍者說僧已忍与比丘某甲彼比丘某甲當還
与僧竟僧忍嘿然故是事如是持（若住處三人二人得施衣物 應各各相向作如是說言）
長老一心念是住處得可分衣物現前僧應分是中无僧此
衣物屬我及長老我受用（如是三說 有一人 應心念口言） 是住處得可分衣
物現前僧應分是中无僧此衣物屬我ニ受用（如是三說）
瞻病人持亡者衣物至僧中白文 大德僧聽比丘某
甲此住處命過所有衣鉢坐具針筒感衣褚器此住處
現前僧應分若僧時到僧忍聽僧今与比丘某甲白如是
大德僧聽比丘某甲命過所有衣鉢坐具針筒感衣
褚器現前僧應分僧今与比丘某甲看病人誰諸長
老忍僧与比丘某甲看病人衣鉢坐具針筒感衣褚
器者嘿然誰不忍者說僧已忍与比丘某甲看病人
衣鉢坐具針筒感衣著器竟僧忍嘿然故是事如是持

老忍僧與比丘某甲看病人衣鉢坐具針筒盛衣襆
器者嘿然誰不忍者說僧已忍與比丘某甲看病人
衣鉢坐具針筒盛衣襆器竟僧忍嘿然故是事如是持
僧分亡者餘衣物羯磨文　大德僧聽比丘某甲
命過所有若衣若非衣現前僧應分若僧時到僧
忍聽僧今與比丘某甲比丘某甲當還與僧白如是
大德僧聽比丘某甲命過所有若衣若非衣現前僧應
分僧今與比丘某甲當還與僧誰諸長老忍比丘某甲
命過所有若衣若非衣現前僧應分僧今與比丘
某甲當還與僧者嘿然誰不忍者說僧已忍與某甲
比丘某甲當還與僧竟僧忍嘿然故是事
如是持　若三人二人分亡者衣物文
若住處有比丘比丘殺亡者
衣物應各各相向作如是言
長老一心念比丘某甲命過所有若衣若非衣現前僧
應分此處无僧是衣屬我及長老及我受用
如是三說若獨一人

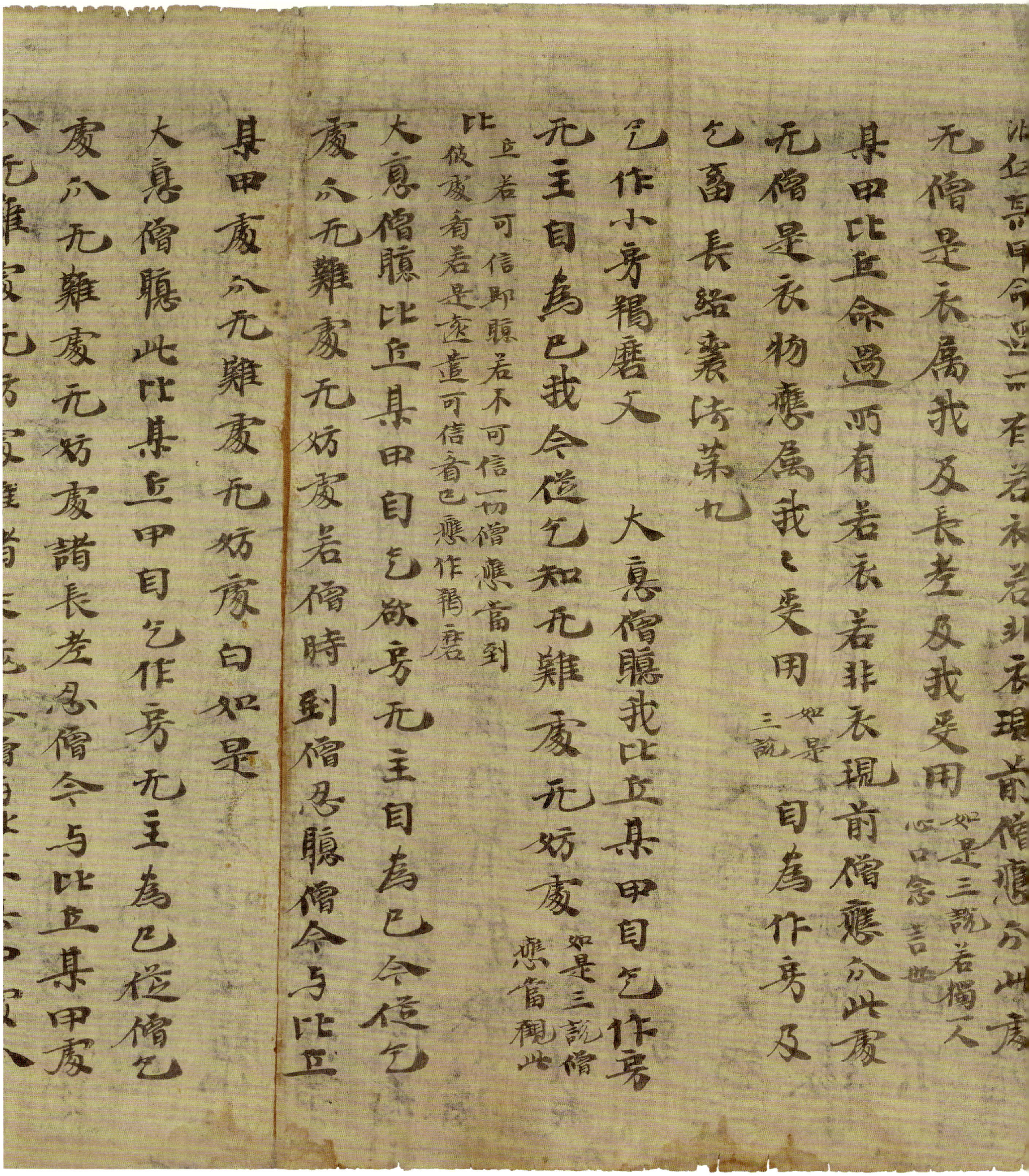

此住處某甲命過所有若衣若非衣現前僧應分此處
无僧是衣屬我及長老及我受用如是三說若獨一人心口念言也
某甲比丘命過所有若衣若非衣現前僧應分此處
无僧是衣物應屬我我受用如是三說自為作房及
乞畜長鉢囊法第九
乞作小房羯磨文　大德僧聽我比丘某甲自乞作房
无主自為已我今從僧乞知无難處无妨處如是三說僧應當觀此
比丘若可信即聽若不可信一切僧應當到彼處看若是處遣可信者已應作羯磨
大德僧聽比丘某甲自乞欲房无主自為已今從僧乞
處无難處无妨處若僧時到僧忍聽僧今与比丘
某甲處无難處无妨處白如是
大德僧聽此比丘某甲自乞作房无主為已從僧乞
處无難處无妨處諸長老忍僧今与比丘某甲處
无難處无妨處……

BD00453-1　大僧與比丘作羯磨文（擬）

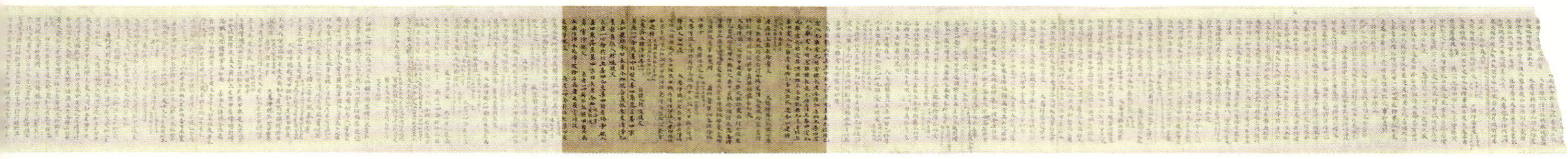

大德僧聽此比丘某甲自乞作房无主爲己從僧乞
處分无難處无妨處諸長老忍僧今與比丘某甲處
分无難處无妨處誰諸長老忍僧與比丘某甲處分
无難處无妨處者默然誰不忍者說僧已忍與比丘
某甲處分无難處竟僧已忍默然故是事如是持
從後大房羯磨與
房同但稱有主爲異
老病比丘畜長絡囊文 大德僧聽此比丘某甲老
病不能无杖絡囊而行今從衆僧乞畜杖絡囊若僧
時到僧忍聽此比丘某甲畜杖絡囊白如是
大德僧聽此比丘某甲老病不能无杖絡囊而行今從衆
僧乞畜杖絡囊僧今聽此比丘某甲畜杖絡囊誰諸長老忍僧
僧聽此比丘某甲畜杖絡囊誰諸長老忍僧聽杖絡囊竟僧
忍默然故是事如是持 若作營事人及結淨地
法第十 羯磨作法人文 便如法作飲食淨

大德僧聽若僧時到僧忍聽僧今差比丘某甲能為僧作

淨法人白如是　大德僧聽比丘某甲能為僧作

淨法人誰諸長老忍比丘某甲能為僧作淨法人者嘿然誰

不忍者說僧已忍比丘某甲作淨法竟僧忍嘿然故是事

如是持　若故僧伽藍疑先有淨地應解已然後更結作淨地

入聚落及諸淨法第十一

長老一心念我某甲非時入某甲聚落至某甲家　非時入村囑授文

為如是緣事白長老令知彼答莫放逸且更清淨已

食前食後入村囑授文

長老一心念我比丘某甲已受某甲請有緣事欲入

某甲聚落至某甲家白長老令知　彼答言莫放逸

真實淨施文　長老一心我比丘某甲有此長

衣未作淨今為淨故捨與長老為真實淨故

展轉淨施文　長老一心念我比丘某甲有

BD00453-1　大僧與比丘作羯磨文（擬）

衣未作淨今為淨故持與長老為真實淨施

展轉淨施文　長老一心念我比丘某甲有

此長衣未作淨為展轉淨故施與長老　彼受淨者應如是言

長老一心念如有此長衣未作淨為展轉淨故施與我

我已受之　受已當問彼言如施主是誰耶　彼應語言施主是某甲

受淨者應語如是言　長老一心念如有是長老衣未作淨

為展轉淨故施與我我已受之是衣某甲已有如為某

甲故守護持用時隨意　作真實淨施者應問主然後得用耶

展轉淨施者若問不問隨意　足食已受殘食文

應持食至彼比丘前應如是言　長老　大德僧聽一心念我已足食長

老看是如是作餘食法　彼應取少許食已語言我已止汝取食之

受請已作殘食文　應持食至彼比丘前作如是言　大德一心念我已受

請長老看是如是作餘食法　彼應取少許食已語言耶

此已七歲可與之　受七日藥文　先是病人遣受

特至大德比丘所作如是言長老一心念我比丘某
甲有病因緣是七日藥為共宿七日故今於長老邊受
如是三說　盡形壽藥文　若從淨人邊受已持至大比丘所作如是言　長老一心念我比丘某甲有病因緣是盡形
壽共宿長服故今長老邊受如是三說

大僧與比丘尼作羯磨文　十誦律文比丘尼眾大唯得作三種羯　磨餘三種除白餘一切度沙彌亦叉
摩尼受六法唯尼僧自作不得
共大僧作也

十誦律文諸比丘為比丘尼作種〻羯磨諸比丘尼不
受是事白佛佛言比丘不應與比丘尼作羯磨遮比丘
尼應與比丘尼作羯磨除三種羯磨何等三一者受具
戒二者行摩那埵三者出罪羯磨諸比丘尼為比丘種
種羯磨諸比丘尼受是事白佛〻言比丘尼不應與比丘
羯磨遮比丘應與比丘作羯磨除三種羯磨何等
三一者不見擯二者不[illegible]三者不[illegible]

BD00453-1　大僧與比丘作羯磨文（擬）　　BD00453-2　大僧與比丘尼作羯磨文

種羯磨諸比丘受是事白佛佛言比丘尼不應與比丘
羯磨還比丘應與比丘作羯磨除三種羯磨何等
三一者不礼拜二者不共語三者不教誡羯磨
尼至大僧中受具足戒法 彼受戒者應與比丘尼僧俱至大比丘僧中礼比丘僧足右膝著地合掌作如
是言 大德僧聽我某甲從和上尼某甲求受
大戒我某甲從僧乞受大戒和上尼某甲願僧濟度
慈愍故 如是三説此中戒師應問諸難事 大德僧聽我某甲求受
大戒我某甲今從僧乞受大戒和上尼某甲願僧
濟度我慈愍故 如是三説戒師應問諸難事
大德僧聽此比丘尼某甲從和上尼某甲求受大戒此某
甲今從衆僧乞受大戒和上尼某甲若僧時到僧
忍聽我問諸難事白如是 善女人諦聽今從是
真誠時我今問汝有當言有無當言無如不犯邊罪不
汝不犯淨行尼不汝不賊心受戒不汝不破内外道人

汝非黃門不汝不煞父煞母煞阿羅漢不不破和合僧
不汝不惡心出佛身血不汝非非人不汝非畜生不汝不
二根不汝字何等和上字誰年滿廿不衣鉢具不父母夫
主聽汝不汝不負債不汝非婢不汝是女人不女人有如是
諸病不 答言无者應問言 汝學戒求清淨不 答已學戒清淨應問餘比丘尼
某甲學戒求清淨不 尼僧應答問言已學戒清淨
大德僧聽此某甲從和上尼某甲求受大戒此某甲今從眾
僧乞受大戒和上尼某甲求受大戒此某甲今
自說清淨无諸難事年歲已滿衣鉢具足已學戒
清淨若僧時到僧忍聽僧今為某甲受大戒和上尼
某甲白如是　大德僧聽此比丘尼某甲從和上尼某甲
求受大戒此某甲今從僧乞受大戒和上尼某甲自
說清淨无諸難事年滿廿五衣鉢具足已學清淨僧
今為某甲受大戒和上尼某甲誰諸長老忍僧與某甲

BD00453-2　大僧與比丘尼作羯磨文

[illegible]
令為某甲受大戒和上尼某甲誰諸長老忍僧与某甲
受大戒和上尼某甲嘿然誰不忍者說是初羯磨
如是三說 僧已忍為某甲受大戒竟和上尼某甲僧忍
嘿然故是事如是持 善女諦聽如來无所著等正
覺說八波羅夷法若比丘尼犯者非比丘尼非釋種女
不作不淨行行婬欲法若比丘尼作不淨行行婬欲法
乃至共畜生此非比丘尼非釋種女是中盡形壽不
得犯能持不 答言能 不得偷盜乃至草葉若比丘尼
盜人五錢若自取教人取若自斫教人斫若自破
教人破若自燒若埋若壞色非比丘尼非釋種女是中
盡形壽不得犯能持不 答言能 不得偷盜乃至草葉
若比丘尼盜人五錢若自取教人取若自斫教人斫若
自破教人破若自燒若埋若壞色非比丘尼非釋種女是中

中盡形壽不得犯能持不　能　不得故斷衆生命乃至蟻
子若比丘尼自手斷人命持刀授與人若教死讚死
與人非藥若墮胎猒禱咒術若自作方便教人作方便此非
比丘尼非釋種女是中盡形壽不得犯能持不　答言能
若比丘尼不真實非已有自稱言得上人法得禪得解脫三
昧正受得須陀洹果斯陀含果阿那含果阿羅漢果言天
來龍來鬼神來供養我彼非比丘尼非釋種女是中盡
形壽不得犯能持不　答言能　答言能　不得身相觸乃至共
畜生若比丘尼有染汚心與染汚心男子身相觸從
腋下膝以上若摩若捺若逆摩若順摩若牽若推若
舉若下若捉若急捺彼非比丘尼非釋種女是中盡
形壽不得犯能持不　答言能　不得此八事乃至共畜
生若比丘尼有染汚心男子若捉手若捉衣若至屏ㄟ
處立屏處語乃若共行若身相近若共期

BD00453-2　大僧與比丘尼作羯磨文

可喜不得犯能持不[illegible]不得此八事乃至共畜
生若比丘尼有染污心男子若捉手若捉衣若至屏々
處々屏處語乃若共行若身相近若共期行犯此八
事彼非比丘尼非釋種女是中盡形壽不得犯能持不
答言能　不得覆藏他重罪乃至突吉羅惡說若
比丘尼犯波羅夷不自舉亦不白僧不語人令知後於
異時此非比丘尼若休道若滅擯若作不共住若入外
道作如是言我先知此人作如是如是處藏他重罪彼
非比丘尼非釋種女是中盡形壽不得犯能持不答言能
不得隨彼舉比丘語乃至沙彌若比丘尼知比丘為僧所
舉如法如毗尼如佛所教犯威儀未懺悔不作共住便
隨順彼比丘彼比丘尼諫此比丘尼言大姊彼比丘為僧所
舉如法如毗尼如佛所教犯威儀未懺悔不作共住
莫隨順彼比丘尼彼比丘尼諫此々々三諫捨者善不捨者

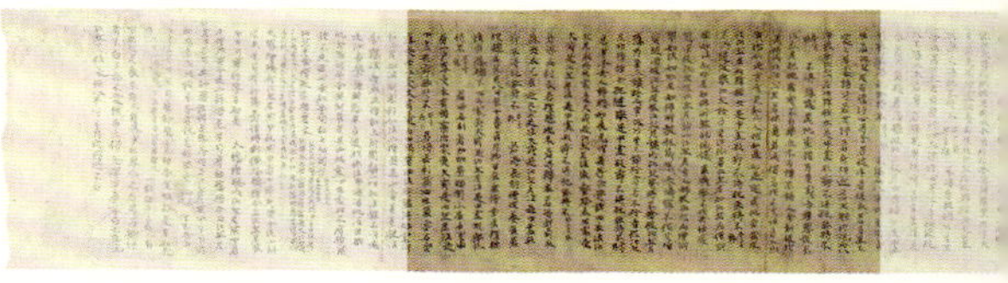

稱八乃至三諫捨此事故乃至三諫捨者善不捨者彼比丘
尼非釋種女犯隨舉是中盡形壽不得犯能持不 答言能
善男子女人諦聽如來无所著等正覺說四衣法比
丘尼依此出家受大戒是比丘尼法依糞掃衣出家受
大戒是比丘尼法是中盡形壽不得犯能持不 答言能
若得長利衣若檀越施衣若得轉衣若得割截衣
應受衣先食是出家受法大戒是比丘尼法是中盡形
壽不得犯能持不 答言能　若得長利僧差養食若
檀越送食月八日食十五日食月初日食衆僧常食檀越
請食應樹下坐出家受大戒是比丘尼法是中盡形壽能
持不 答言能　若得長利若加加房樓閣小房石室兩
房一户應受衣腐爛藥出家受大戒是比丘尼法是
中盡形壽能持不 答言能　若得長利蘇油生蘇蜜石蜜
□受汝已受大戒竟白四羯磨如法成就得處所

BD00453-2　大僧與比丘尼作羯磨文

房一户應受衣食蘭藥出家受大戒是比丘尼法是
中盡形壽能持不 答言能 若得長利檀油生薑蜜石蜜
應受。汝以受大戒竟，白四羯磨如法成就，得好處所，
和上尼如法，阿闍梨如法，二僧具足。汝當善受教法，
當勤供養佛法僧、和上、阿闍梨，一切如法教，不得違
逆。汝當學誦經，慇懃求方便，於佛法中得須陀洹果、斯
陀含果、阿那含果、阿羅漢果。汝始發心出家，功不唐捐，果
報不絕。餘所未知，當問和上阿闍梨。 置受戒人在前而去

比丘尼懺僧殘罪羯磨文 比丘尼犯僧殘罪，應二部僧中半月行摩那埵竟，出罪二種羯磨，皆是大比丘僧
與作羯磨。此比丘尼僧一切在坐，足僧數。彼行摩那埵時，應至僧中，偏露
右肩，脫革屣，禮僧足，右膝著地，合掌作如是白言：
大德僧聽：我比丘尼某甲犯某甲若干僧殘罪，今從二部
僧乞半月摩那埵。若僧時到僧忍聽，僧今與比丘尼某
甲半月摩那埵。白如是。 大德僧聽：此比丘尼某甲若
干僧殘罪，今從二部僧乞半月摩那埵，僧今與比丘尼

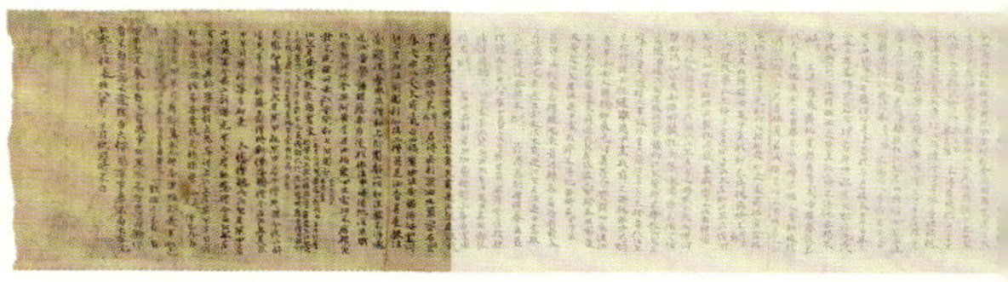

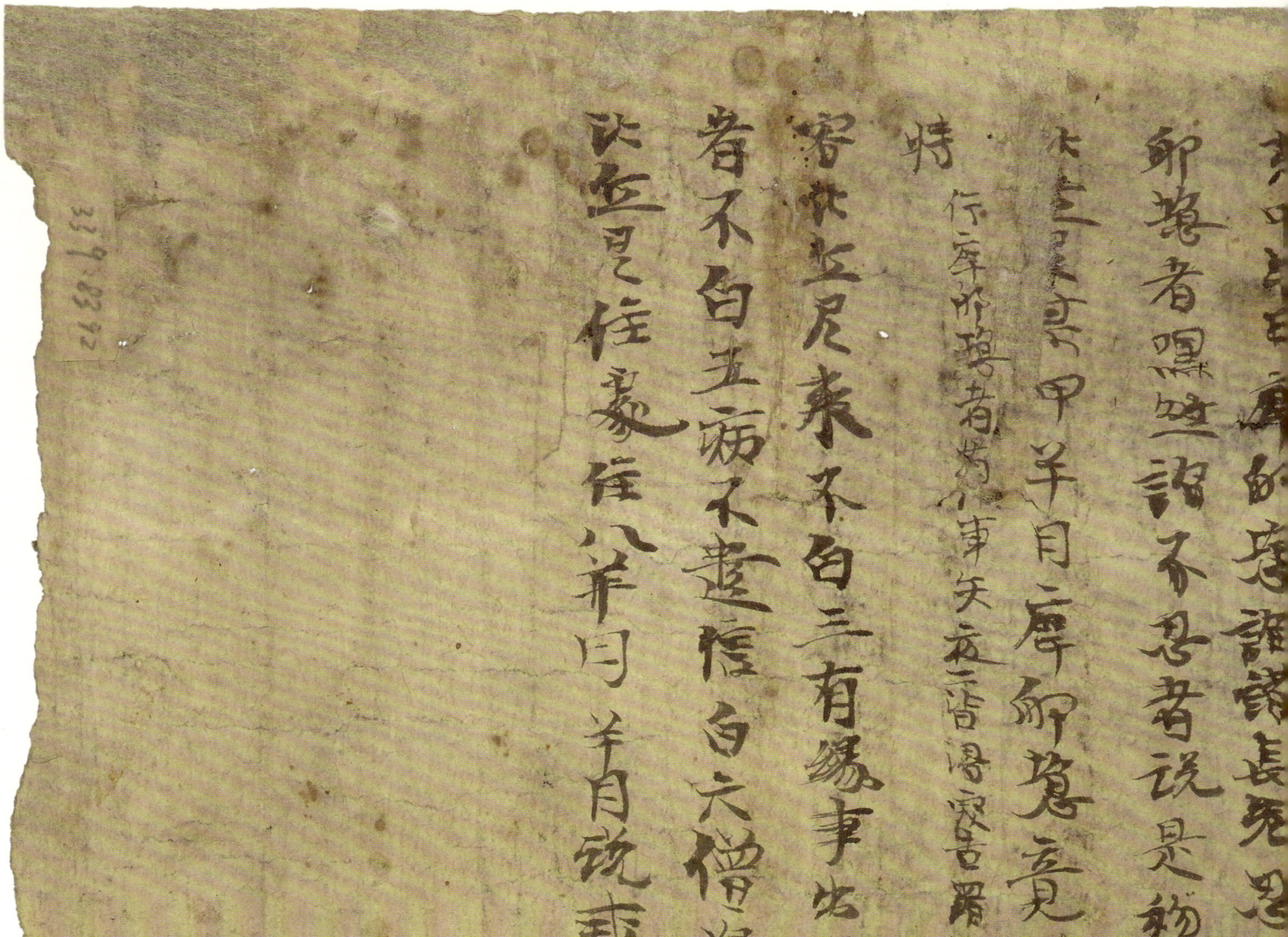

……磨的……誰諸長老忍僧与比丘尼某甲半月……

卯葸者嘿然誰不忍者說是初羯磨 如是三說 僧已忍与

大比丘尼眾某甲半月羯磨卯葸竟僧忍嘿然故是事如是

持

作羯磨所得者爲八事失夜二皆得突吉羅罪過 一往餘寺不白 二有

客比丘尼來不白三有緣事出界外不白四寺内餘行

者不白五病不遣信白六僧羯磨事集不白七在元

比丘尼住處住八半月說戒時不白

BD00453-2 大僧與比丘尼作羯磨文

大義章　　　　及法師撰

一佛　四无量　六神通

三寶義有四　一名義　二體性　三別解　四揔釋

第一名義者有二　一解義　二得名　解義者佛陀者是天竺語音

此云覺者如来内成真智於世間出世間朗然大悟既自覺悟

念佛覺性也云何達摩者此云法言所謂能軌

心行名為達摩僧伽者此名和合衆四人已上不乖理

事无有違諍名為僧伽此等三種並皆稱寶者有二明

三寶體勝二義能益物一體勝者如寶性論說世間珎

寶凡有六義一者真實世間希有難得二者明淨无垢三者勢力威

德四者莊嚴世間五者最上勝妙六者不變不可改異佛法

衆僧亦有六義一无善根者終不能得二離一切有漏法三具足六

通不可思議威德自在四能莊嚴出世間法故最上勝妙六以得无

漏法世間八法不能動亦二義能益物者三種境界是之无上福田

有心歸仰起尊重意能生淨信起勝脩行住於一地乃至十地

得无上菩提天魔外道師及弟子遠陀寸終從使皆作

求變終无此利譬如意寶珠能令安隱不起生利无窮

為物所珎故名為寶諸餘凡物事无此用故舉事

況法三皆名寶得名者亦充

□非可近故名為寶諸餘凡牧事无此用故舉事
況法三皆名寶得名者佛就用受稱法者當體僧
者就義得名第二體性就三種之體一名字三寶二別體
三寶三一體三寶名字三寶體者土木金銅素畫形像紙素
經卷此二以色法為體凡夫比丘剔髮染衣身被法服
事和之義四人已上和合衆為體若就僧四人為體人
別用陰為體　別體三寶體者有二一明小乘別體三寶
明大乘別體三寶小乘中有一依離心明別體二依成實論離心
論主明佛有二種身一生身二法身生身體者謂報生
壽智相好之身及諸得四相是之生身佛體法身者從无漏智
惠及有漏智種方便現起是法身佛體法寶體者有四種
謂理教助道涅槃為體僧寶體者僧有二種第一義僧及才
僧第一義僧者出家三果阿羅漢人无漏五陰為體者聲聞人

僧亦得說无漏五陰遠離其僧若身業和合衆五體寸僧者
如名字中說　二依成實，合用異本有假名能起陰集成人，人是
仏寶體故論云仏名自然人若體用俱論以五分法身為體
法寶體者有四種，與離心同理中更增諸法性空果中通道
法空心為異。僧寶體者僧有二種：一德僧、二威儀僧。德者是見无
漏聖人，威儀是通凡聖。出體與仏寶同。威儀中聖人德
僧同凡夫，與寸僧同。依大乘宗，體性者就五生作用明體：
性罪後生為仏寶，餘四為菩薩僧寶。非此仏僧能以
譯樂演說法義名為法寶。仏僧陰集成用假名人為體，法者
理教行果為體。一體三寶體性者有二：一說名一義異，
二就名義俱異。名一義異者如定所依法體義取能依三
法是為名一義異。經云：佛常法常比丘僧常，常者是題
時性體從法常故三義是常。就體彰彰一常通三處能
依義別所以先三後果名後能計三寶常住同真常

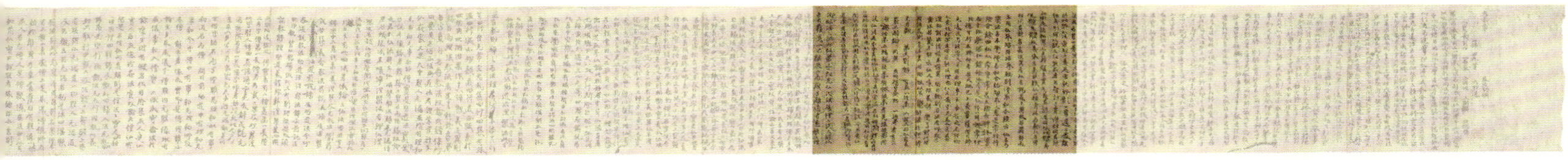

法是互名一義異經云佛常法常
時性體以法常故三義是常就體彰〻一常通三處能
依義別所以說三故果品云若能計三寶常住同真諦
此則是諸佛最上之悳須三寶是義真諦是所依性體義
從體生體非義外三義雖殊以一種常法為體故名常
住同真諦名義俱異者以名說義〻異故名異解義
不同佛取智用法取軌則僧取和合經云佛名為
覺法名不覺僧名和合約智取人恩是常住行
陰含餘四佛以常寶常果五陰為體終德恩
為主故舉智攝餘種法者是佛僧一時證常住
功德可行為體僧者是大地已上義菩薩僧自體
无邊亦與法界大菩薩衆理事不二名之為僧亦

遍相𥁞法備藏不藏異 問曰軌則名法者何故乃
雲法名覺不解云仏人𧵍智義能覺了對此智
用法義則覺不盡名聞故以不覺解法非謂解
无方軌 第三別解 有五 一次第 二說 三所以三解義
四對三歸辨同異 五明福田益物 一次第者有二一
隨識次第二起說次第隨識次第者先法次第僧
後仏法是本本真性依法起學名僧學滿名仏如有姓品云諸
仏所師所謂法也以法常故請仏亦常先舉法後明仏僧在中
聞始終不語此明自利始一人循入時語二起說次第者仏
爲法王法是所說僧是行法人故寶性論云一者調御師二調
御師法三調御師弟子故先仏次法後僧二說三所以
者有種意一爲離過二爲成善離過者遠離三種

者有種意一為離過二為成善離過者遠離三種
過歸法仏捨事天神歸法離於煞生歸僧不依耶衆如
三歸偈說歸依仏者名為憂婆塞終不更歸依其餘諸
天神歸依於法者則離於煞害歸依聖僧者不求
於外道如是歸三寶則得无所畏二成善者為攝
三乘諸人生長善法故說三寶故寶性論云一者大乘三
者中乘三者小乘四信仏五信法六信僧弟一弟
四是菩薩人為大乘故信仏起供養循行得菩
薩提以是故立仏寶弟二弟五為中乘人自然知緣
目因緣法成辟支仏以是義故說法寶弟六為
小乘人從他聞法得聲聞證以是義故立僧寶
三解義者於中有三一解名字二解別躰三躰一躰言名字
三寶者圖寫真容紙素文字凡夫威儀歸佛生
善根与名字[illegible]是真文[illegible]名字三[illegible]

仏滅後義該始終不吽來運此名字有人或言是
柱持三寶然住持者理通真偽大小俱有三寶能
力故皆有住持益物不止在初獨以名字說為
住持　言別體者有人是別相然三寶義分仏法
僧異亦通真偽乃至一體有名義俱異故不得
偏以別體名為別相於中有二種一者小乘二大乘大
乘二有一依雜心二依成實雜心論主明仏有
二種者生身二者法身有在見道已前脩集諸行
及相報業因父母所生身有卅二相八十種好發心
出家道成号仏論此相好名生身仏法身者
九地煩惱下之八地六行斷除非想一地見脩
二種並用无漏卅三心无㝵卅思為解脫㝵
此身中空觀无漏及有漏種智五分功德名法身

此身中空觀无漏及有漏種智五分功德名法身
仏仏是覺照法身則有報身亦智及諸漏四相並无
覺照相從名仏相從名相好身器雖復斬非是仏
爲仏所得又學功德所滾是故仏猶如乳亂了非是乳
以斷乳故名爲乳亂仏亦如是以身從法通名是
仏法寶者謂理法教法助道法涅槃法此寸
並有軌則稱之爲法理名諦[illegible]四諦十六行
苦四行皆无常空无我集四行因集有緣
滅四行滅止妙離道四行道正跡乘於
世間出世間因果作十六諦觀義通異别
緣名爲理法教法者是十二部經

名字章句名句教法力論云經律所
明曇是名俗正法助道法有謂菩薩辟支
仏在家三果天中聖人无漏五陰有理和
无事和无事和非僧寶是助道法寶是攝
出說不懷緣若雜緣三寶名为懷緣故論
云若於仏法辟支仏法聲聞法起无漏信
是名懷緣法不懷淨涅槃法者謂仏涅
槃法者謂仏涅槃聲聞涅槃辟支仏涅槃不同報身不
渴相從名仏无理事二和復非僧寶是涅槃法寶攝焰
經上下有此四法若依論主仏法僧名有二
種法中二者謂第一義涅槃及无我法聞前
說昔集義會教法前說滅諦後涅槃

說苦集義合教法前說滅諦後涅槃
法道前說諦後助道法今何
故復說教法助道法涅槃法解云前就道
相理觀皆以總標但此三有別切能是故須
說教能顯助道義能除鄣涅槃是心期
之所故復論之　僧寶者有二種一者第一義僧
二者等僧第一義僧者出家二果及所羅漢
此等聖人悟四真諦得空無我解成就無
漏諸陰名第一義僧等僧者始從凡地乃
至未入見道已前出家凡夫未得無漏觀若開
世俗等謂名爲等僧雖無理和以有事
和通名爲僧　問曰前助道中有課知無

異和今寸僧中有事和无理和何故
名僧　解云若依成實即是德僧雜心
論主多取威儀寸僧雖內无聖德外有
威儀事和入僧寶　二依成實論法於
餘處生因有假名作用陰集成人人是仏
實人所成德治在法寶故論云信仏有
智是名信仏此真智則是信法法寶者有四種
一理法謂四聖諦及觀此四諦入法无我法四
諦即是空行所觀法无我行所觀此義
如二聖行中說二教法謂十二部經三助
道法謂仏无漏道一切聖人无漏道
及出觀名用无漏名[illegible]

道法謂仏无漏道一切聖人无漏道
及出觀名用无漏名助道法四漏繫
果法是三心无度為道所剋名果僧者
有二種一者德僧二是威儀僧德僧者
始於聞果乃至菩薩因有聖德以德
成人名為僧人是僧數德在法中此義
如前仏寶中說聖者滕聰明小乘別
體三歸三乘諸人除仏並入僧寶大智
論亦云除一切人衆皆念僧三時所緣
二依大乘解別體三寶於中有二一因果
相對揔說二通相別說揔說者於清
淨法方更立菩弟主相續衆

身无師自悟亦成正覺一三千二三千乃
至无量三千一时成一时轉名为仏寶
信地已上乃至法雲以慈悲願力示
受四生始於身、皆乃至增上果皆成
就聖德不簡威像去入菩薩僧寶即此化
僧眾以僧能以辞樂演說十種法義稱
取眾生名為法寶二通別說者始於信地
聖人能以生他四種於十方国示作
五生攝取有緣眾後生者即是仏寶作
四生者名菩薩僧寶仏僧二人能以辞
樂演說法義名為法寶如信地菩薩起
此權用十住十行十迴向十地及仏一乙位

此權用十住十行十迴向十地及仏一下使
中盡祢法界願行廣大徹窮後際皆依生
德四種亦受五生生五眾後生身名為仏寶
法僧二種如前所說大地以前生德生相並
是無常生因起用大地已上乃至諸仏生
德是常生相無常是依因起用 一時三
寶者於中有三因果相對明一時三寶從
初地已去乃盡仏地並在常中滿不異滿
義分因果初地菩薩有真性生身名
義菩薩僧乃至十地亦尔名為僧寶金
剛已後常住報身无相无為是仏寶義
曾所證所行及仏教說可意可行名為法

寶以就因者十地菩薩所成德行真
智照境覺用名佛其所成就出世真軌
名之為法德行相成事正違淨名僧寶唯識早
者於无學地万德滿足智用照境名之為
佛其所證法出世真軌名之為法真常万德遠
諍相盡名為僧寶四對三歸辯同異者三寶
直舉境界生福三歸以人對境歸向婆沙云
歸是歸趣救護義是歸趣義涅槃解脫中說譬如群
庶怖畏獨師若得一逃則喻一歸如是三逃則
一喻歸如是三逃則喻三歸眾生亦尔怖畏
四處息鵠歸依受三歸依受三歸依則安身三寶則
寬通於真防三歸則捷雖在真中名南三寶一向不入三
歸一體三寶盡入三歸境界別體三寶有是非異

歸一躰三寶盡入三歸境界別躰三寶有是非是
依雜心仏二種身中但歸法身中歸仏所得无學
无漏不歸有漏種智法中但歸涅槃僧中歸學无學无漏
法故論云歸依依諸仏所得无學法涅槃无上法僧
學无學法歸仏所得无學法名歸仏不歸仏无教
等諸有漏法自性不解脫故亦除生身　問曰但
歸仏无漏法者損仏生身應无逆罪解云生身
是法身所依如懷瓶失乳故成无間法中
唯歸涅槃无上法者論云歸依愛盡名歸
法善故常故以餘法无善及常故又歸依歸僧學无
學者以僧成就非學非无學法及生身以有
漏故不歸依亦非等僧以可壞故成實論明
別躰三寳[illegible]

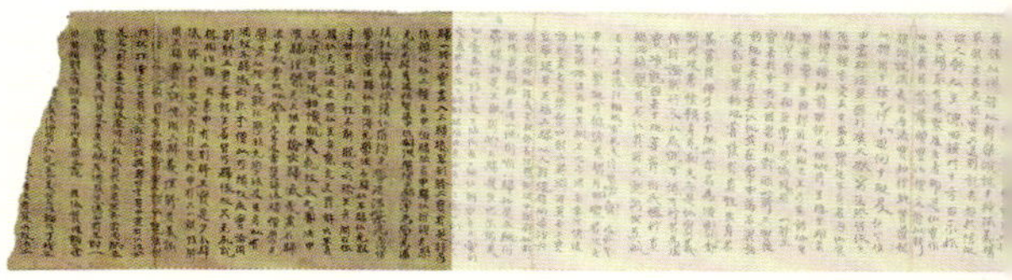

樣相似說　大乘中有二別體三寶是少分歸

依一體三寶是究竟具足於中有二一就性體

明三歸寶二就德明三歸義性體者義說

凡聖有心之類皆有三歸體寶謂佛性之法僧

性故扶僧品云其有宣說是經典者皆言身中盡有佛性如

是之人則不遠求三歸依處何以故我身於未來世即當成就三

寶就不遠求是性具足未來成就是德具足德中有三對一

因果相對二體就因三體果此義前已說　且依寶性論及勝

對小乘法僧明少分究竟義寶性論云可捨及

[illegible]依二種法者一是所說法二

BD00454 四分律比丘戒本

（後秦）佛陀耶舍 譯

（唐）懷素 集

288cm × 25cm

及法比丘僧　今演毗尼法　令正法久住
戒如海無涯　如寶求無厭　欲護聖法財　衆集聽我說
欲除四弃法　及滅僧殘法　障三十捨墮　衆集聽我說
毗婆尸式弃　毗舍拘留孫　拘那含牟尼　迦葉釋迦文
世尊大德　為我說是事　我今欲善說　諸賢咸共聽
譬如人毀足　不堪有所涉　毀戒亦如是　不得生天人
欲得生天上　若生人間者　常當護戒足　勿令有毀損
如御入險道　失轄折軸憂　毀戒亦如是　死時懷恐懼
如人自照鏡　好醜生欣慼　說戒亦如是　全毀生憂喜
如兩陣共戰　勇怯有進退　說戒亦如是　淨穢生恐畏
世間王為最　衆流海為最　衆星月為最　衆聖佛為最

如明目人　能避險惡道　世有聰明人　能遠離諸惡
世間王為最　眾流海為最　眾星月為最　眾聖佛為最
一切眾律中　戒經為上最　如來立禁戒　半月半月說
和合僧集會未受大戒者出（有者遣出　遣已答言已出　無者答無）
不來諸比丘說欲及清淨（有依法說　無答言無）誰遣比丘尼來請教誡
（有者為請已依諸具答无　者答云此處无尼来請教誡）僧今和合何所作為（答云說戒羯磨）大德
僧聽今（白月當稱十五日　黑月若大亦云十五日　若小應稱十四日）
眾僧說戒若僧時到僧忍聽和合說戒白如是
諸大德我今欲說波羅提木叉戒汝等諦聽善思念
之若自知有犯者即應自懺悔不犯者默然默然者知
諸大德清淨若有他問者亦如是答如是比丘在於眾
中乃至三問憶念有罪不懺悔者得故妄語罪故妄語
者佛說障道法若彼比丘憶念有罪欲求清淨者
應懺悔懺悔得安樂諸大德我已說戒經序今問諸

應懺悔懺悔得安樂諸大德我已說戒經序今問諸
大德是中清淨不如是至三諸大德是中清淨嘿然故是事如是持
諸大德是四波羅夷法半月半月說戒經中來
若比丘共比丘同戒若不還戒戒羸不自悔犯不淨行
乃至共畜生是比丘波羅夷不共住
若比丘若在村落若閑靜處不與物盜心取隨不與取
法若為王王大臣所捉若煞若縛若駈出國汝是賊
汝癡汝無所知是比丘波羅夷不共住
若比丘故自手斷人命持刀與人歎譽死使勸死咄男
子用此惡活為寧死不生作如是心思惟種種方便歎
譽死使勸死是比丘波羅夷不共住
若比丘實無所知自稱言我得上人法我已入聖智勝
法我知是我見是彼於異時若問若不問欲自清
淨故作是說我實不知不見言知言見虛

法我知是我見是彼於異時若問若不問欲自清
淨故作是說我實不知不見言知言見虛誑妄語
除增上慢是比丘波羅夷不共住
諸大德我已說四波羅夷法若比丘犯一一波羅夷法不
得與諸比丘共住如前後亦如是是比丘得波羅夷
罪不應共住今問諸大德是中清淨不 三說如是
諸大德是中清淨默然故是事如是持
諸大德是十三僧伽婆尸沙法半月半月說戒經中來
若比丘故弄陰出精除夢中僧伽婆尸沙
若比丘婬欲意與女人身相觸若捉手若捉髮若
觸一一身分者僧伽婆尸沙
若比丘婬欲意與女人麁惡婬欲語隨麁惡婬欲語
者僧伽婆尸沙

者僧伽婆尸沙
若比丘婬欲意於女人前自歎身言大姊我修梵行
持戒精進脩善法可持是婬欲法供養我如是供
養第一最僧伽婆尸沙
若比丘往來彼此媒嫁持男意語女持女意語男若
為成婦事若為私通事乃至須臾頃僧伽婆尸沙
若比丘自求作屋無主自為己當應量作是中量者
長佛十二磔手內廣七磔手當將餘比丘指授處所彼
比丘當指示處所無難處無妨處若比丘有難處妨
處自求作屋無主自為己不將餘比丘指授處所若
過量作者僧伽婆尸沙
若比丘欲作大房有主為己作當將餘比丘往指授處
所彼比丘應指授處所无難處无妨處若比丘有難
處妨處作大房有主為己作不將餘比丘指授處

處妨處作大房有主為己作不將餘比丘指授處
所者僧伽婆尸沙
若比丘瞋恚所覆故非波羅夷比丘以无根波羅夷法謗
欲壞彼清淨行彼於異時若問若不問知此事无根
說我瞋恚故作是語若比丘作是語者僧伽婆尸沙
若比丘以瞋恚故於異分事中取片非波羅夷比丘
以无根波羅夷法謗欲壞彼清淨行彼於異時若
問若不問知是異分事中取片是比丘自言我瞋恚
故作是語作是語者僧伽婆尸沙
若比丘欲壞和合僧方便受壞和合僧法堅持不捨彼
比丘應諫是比丘言大德莫壞和合僧莫方便壞和
合僧莫受壞僧法堅持不捨大德應與僧和合與僧
和合歡喜不諍同一師學如水乳合於佛法中有

和合歡喜不諍同一師學如水乳合於佛法中有
增益安樂住是比丘如是諫時堅持不捨彼比丘應三
諫捨此事故乃至三諫捨者善不捨者僧伽婆尸沙
若比丘有餘伴黨若一若二若三乃至无數彼比丘語是
比丘言大德莫諫此比丘此比丘是法語比丘律語比丘此
比丘所說我等憙樂此比丘所說我等忍可彼比丘
言大德莫作是說言此比丘是法語比丘律語比丘此
比丘所說我等憙樂此比丘所說我等忍可然此比丘
非法語比丘非律語比丘大德莫破壞和合僧汝等當
樂欲和合僧大德應與僧和合歡喜不諍同一師
學如水乳合於佛法中有增益安樂住是比丘如是諫
時堅持不捨彼比丘應三諫捨此事故乃至三諫捨者
善不捨者僧伽婆尸沙

若不捨者僧伽婆尸沙
若比丘依聚落若城邑住汙他家行惡行汙他家亦
見亦聞行惡行亦見亦聞諸比丘當語是比丘言大德
汙他家行惡行汙他家亦見亦聞行惡行亦見亦聞
大德汝汙他家行惡行今可遠此聚落去不須住此
是比丘語彼比丘作如是言大德諸比丘有愛有恚有
怖有癡有如是同罪比丘有駈者有不駈者諸比丘
報言大德莫作是語言僧有愛有恚有怖有癡有
如是同罪比丘有駈者有不駈者而諸比丘不愛不恚
不怖不癡大德汙他家行惡行汙他家亦見亦聞行
惡行亦見亦聞是比丘如是諫時堅持不捨彼比丘應
三諫捨此事故乃至三諫捨者善不捨者僧伽婆尸沙
若比丘惡性不受人語於戒法中諸比丘如法諫已自身

若比丘惡性不受人語於戒法中諸比丘如法諫已自身
不受諫語言諸大德莫向我說若好若惡我亦不向
諸大德說若好若惡諸大德且止莫諫我彼比丘諫是
比丘言大德莫自身不受諫語大德自身當受諫語
大德如法諫諸比丘比丘亦如法諫大德如是佛弟子眾
得增益展轉相諫展轉相教展轉懺悔是比丘如
是諫時堅持不捨彼比丘應三諫捨此事故乃至
三諫捨者善不捨者僧伽婆尸沙
諸大德我已說十三僧伽婆尸沙法九初犯四乃至三諫若
比丘犯一一法知而覆藏應強與波利婆沙行波利婆
沙竟增上與六夜摩那埵行摩那埵已餘有出
罪法應二十僧中出是比丘罪若少一人不滿二十眾出
是比丘罪是比丘罪不得除諸比丘亦可呵此是時今
問諸大德是中清淨不 如是

是比丘罪是比丘罪不得隨諸比丘亦可呵此是時令
問諸大德是中清淨不如是至三
諸大德是中清淨默然故是事如是持
諸大德是二不定法半月半月說戒經中來
若比丘共女人獨在屏處覆處障處可作婬處坐說
非法語有住信優婆私於三法中一一法說若波羅夷
若僧伽婆尸沙若波逸提是坐比丘自言我犯是罪
於三法中應一一治若波羅夷若僧伽婆尸沙若波
逸提如住信優婆私所說應如法治是比丘是名不定法
若比丘共女人在露現處不可作婬處坐作麁惡語
有住信優婆夷於二法中以一法說若僧伽婆尸沙若
波逸提是坐比丘自言我犯是事於二法中應一一
法治若僧伽婆尸沙若波逸提如住信優婆夷
所說應如法治是比丘是名不定法

法治若僧伽婆尸沙若波逸提如住信優婆夷
所說應如法治是比丘是名不定法
諸大德我已說二不定法今問諸大德是中清淨不 如是至三
諸大德是中清淨默然故是事如是持
諸大德是三十尼薩耆波逸提法半月半說戒經中來
若比丘衣已竟迦絺那衣已出畜長衣經十日不淨施得
畜若過十日尼薩耆波逸提
若比丘衣已竟迦絺那衣已出三衣中離一一衣異處宿
除僧羯磨尼薩耆波逸提
若比丘衣已竟迦絺那衣已出若比丘得非時衣欲須
便受受已疾疾成衣若足者善若不足者得畜經
一月為滿足故若過畜者尼薩耆波逸提
若比丘從非親里比丘尼取衣除貿易尼薩耆波逸提
若比丘令非親里比丘尼浣故衣若染若打尼薩耆

若比丘從非親里比丘尼取衣除貿易尼薩耆波逸提
若比丘令非親里比丘尼浣故衣若染若打尼薩耆
波逸提
若比丘從非親里居士若居士婦乞衣除餘時尼薩
耆波逸提餘時者若比丘奪衣失衣燒衣漂衣是為餘時
若比丘失衣奪衣燒衣漂衣若非親里居士若居士
婦自恣請多與衣是比丘當知足受衣若過受者
尼薩耆波逸提
若比丘居士居士婦為比丘辦衣價買如是衣與某甲
比丘是比丘先不受自恣請到居士家作如是說善
哉居士為我買如是如是衣與我為好故若得衣
者尼薩耆波逸提
若比丘二居士居士婦與比丘辦衣價持如是衣價買

若比丘二居士居士婦與比丘辦衣價持如是衣價
如是衣與某甲比丘是比丘先不受居士自恣請到
二居士家作如是言善哉居士辦如是衣價與我
共作一衣為好故若得衣者尼薩耆波逸提
若比丘若王若大臣若婆羅門若居士居士婦遣使
為比丘送衣價持如是衣價與某甲比丘彼使人至
比丘所語比丘言大德今為汝故送是衣價受取是
比丘應語彼使如是言我不應受此衣價我若須
衣合時清淨當受彼使語比丘言大德有執事人
不須衣比丘應語言有若僧伽藍民若優婆塞此
是比丘執事人常為諸比丘執事時彼使往至執
事人所與衣價已還至比丘所作如是言大德所示某
甲執事人我已與衣價大德知時往彼當得衣須衣

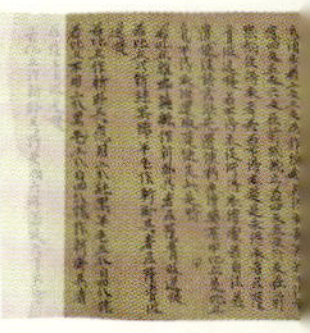

甲執事人我已與衣價大德知時往彼當得衣須衣
比丘當往執事人所若二反三反為作憶念應語言
我須衣若二反三反為作憶念若得衣者善若不得衣
應四反五反六反在前默然立若四反五反六反在前
默然住得衣者善若不得衣過是求得衣者尼薩
耆波逸提若不得衣從所得衣價處若自往若
遣使往語言汝先遣使持衣價與某甲比丘是比丘
竟不得衣汝還取莫使失此是時　十
若比丘雜野蠶綿作新卧具者尼薩耆波逸提
若比丘以新純黑羺羊毛作新卧具者尼薩耆波
逸提
若比丘作新卧具應用二分純黑羊毛三分白四分牻
若比丘不用二分黑毛三分白四分牻作新卧具者

若比丘不用二分黑毛三分白四分牻作新卧具者
尼薩耆波逸提
若比丘作新卧具持至滿六年若減六年不捨

BD00455 大般涅槃經卷三二

（北涼）曇無讖 譯

149.4cm×26cm

次菩薩具足煩惱為壞惡親所受諸苦備平
等心是故復名不可思議復次菩薩若見諸
惡不善衆生若呵嘖若軟語若驅儐若棄
捨之有惡性者現為軟語有憍慢者現為大
慢而其內心實无憍慢是名菩薩方便不可思
議復次菩薩具足煩惱少財物時而求者多
心不近小是名菩薩不可思議復次菩薩於佛
出時知佛功德為衆生故於无佛處受邊
地身如盲如聾如跛如癖是名菩薩不可思議
復次菩薩深知衆生所有罪過為度脫故常與
共行雖隨其意罪垢不汙是故復名不可思
議復次菩薩了了如見无衆生相无煩惱
了无有集道雖有出有雖為善是无善是

亦能為衆生壞苦行菩提行是故復名不可
思議復次菩薩受後邊身處兜率天是亦名
為不可思議何以故兜率陁天欲界中勝在
下天者其心放逸在上天者諸根闇鈍是故
名勝脩施脩戒得上下身脩施戒定得兜率
身一切菩薩毀呰諸有破壞諸有終不造作
兜率天業受彼天身何以故菩薩若處其餘
諸有亦能教化成就衆生實无欲心而生欲
界是故復名不可思議菩薩摩訶薩生兜率
天有三事勝一者命二者色三者名菩薩摩
訶薩實不求於命色名稱雖无求心而所得勝
菩薩摩訶薩深樂涅勝然有因亦勝是故復
名不可思議菩薩摩訶薩如是三事雖勝諸

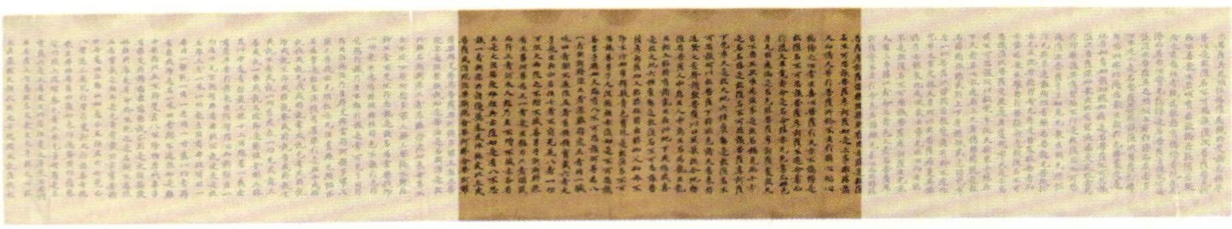

菩薩摩訶薩涅槃因緣有因亦勝是故復
名不可思議菩薩摩訶薩如是三事雖勝諸
天而諸天等於菩薩所終不生於瞋心妒心
憍慢之心常生喜心菩薩於天亦不憍慢是
故復名不可思議菩薩摩訶薩不造命業而
於彼天畢竟壽命是名命勝亦无色業而妙色
身光明遍滿是名色勝菩薩摩訶薩處彼天
宮不樂五欲唯爲法事是故名稱充滿十方
是名名勝是故復名不可思議菩薩摩訶薩
下兜率天是故大地六種震動是故復名不
可思議何以故菩薩下時欲色諸天悉來侍
送發大音聲讚歎菩薩以口風氣故令地動
復有菩薩人中爲王人中爲王名爲龍王龍
王初入胎時有者龍王生七也十我爲我善

是故大地六種震動是故復名不可思議菩
薩摩訶薩知入胎時住時出時知父知母不
淨不汙如帝釋髮青色寶珠是故復名不可
思議善男子大涅槃經亦復如是不可思議
善男子譬如大海有八不可思議何等為八
一者漸漸轉深二者深難得底三者同一鹹
味四者潮不過限五者有種種寶藏六者大
身衆生在中居住七者不宿死屍八者一切
万流大雨投之不增不減善男子漸漸轉深
有三事何等為三一者衆生福力二者順風
而行三者河水入故乃至不增不減亦各有
三是大涅槃微妙經典亦復如是有八不思
議一者漸深所謂優婆塞式沙弥式比丘式
菩薩式須陁洹果斯陁含果阿那含果阿羅

說一者斷除所謂優婆塞戒沙彌戒比丘戒
菩薩戒須陁洹果斯陁含果阿那含果阿羅
漢果辟支佛果菩薩果阿耨多羅三藐三菩
提果是涅槃經說如是等法是名斷除是故
此經名斷斷除二者除難得底如來世尊不
生不滅不得阿耨多羅三藐三菩提不轉法
輪不食不受不行惠施是故名為常樂我淨
一切衆生悉有佛性佛性非色不離於色非
受想行識乃至不離於識是常可見了因非
作因須陁洹乃至辟支佛當得阿耨多羅三
藐三菩提亦无煩惱亦无住處雖无煩惱不
名為常是故名除復有甚除於是經中或時
說我或說无我或時說常或說无常或時說
淨或說不淨或時說樂或時說苦或時說空

或說有空或說一切有或說一切无或說三
乘或說一乘或說五陰即是佛性金剛三昧
及以中道首楞嚴三昧十二因緣第一義空
慈悲平等於諸衆生頂智信心知諸根力一
切法中无閡智雖有佛性不說决定是故
名涅槃三者一味一切衆生同有佛性皆同一
乘同一解脫一因一果同一甘露一切當得
常樂我淨是名一味四者潮不過限如是經
中制諸比丘不得受畜八不淨物若我弟子
有能受持讀誦書寫解說分別是大涅槃微
妙經典寧失身命終不犯之是名潮不過限
五者寶藏是經即是无量寶藏所言寶者謂
四念處四正勤四如意分五根五力七覺分
八聖道分嬰兒行聖行梵行天行諸善方便

八聖道尒嬰兒行聖行梵行天行諸善方便
衆生佛性菩薩功德如來功德聲聞功德緣
覺功德六波羅蜜无量三昧无量智慧是名
寶藏六者大身衆生所居住處大身衆生者謂
佛菩薩大智慧故名大衆生大身故大心故
大莊嚴故大調伏故大方便故大說法故大

BD00456 大般若波羅蜜多經卷八一

（唐）玄奘 譯

BD00456v 勘記

300.9cm × 25.4cm

（7–1）

大般若波羅蜜多經卷第八十一

初分天帝品第二十二之五　三藏法師玄奘奉　詔譯

善現如来之心不住布施波羅蜜多不住淨
戒安忍精進靜慮般若波羅蜜多何以故以
布施波羅蜜多等不可得故善現如来之心
不住四靜慮不住四无量四无色定何以故
以四靜慮等不可得故善現如来之心不住
八解脫不住八勝處九次第定十遍處何以
故以八解脫等不可得故善現如来之心不
住四念住不住四正斷四神足五根五力七
等覺支八聖道支何以故以四念住等不可
得故善現如来之心不住空解脫門不住無
相無願解脫門何以故以空解脫門等不可
得故善現如来之心不住五眼不住六神通
何以故以五眼等不可得故善現如来之心

BD00456　大般若波羅蜜多經卷八一

相無願解脫門何以故以空解脫門等不可
得故善現如来之心不住五眼不住六神通
何以故以五眼等不可得故善現如来之心
不住佛十力不住四无所畏四无礙解大慈
大悲大喜大捨十八佛不共法何以故以佛
十力等不可得故善現如来之心不住無忘
失法不住恒住捨性何以故以無忘失法等
不可得故善現如来之心不住一切陁羅尼
門不住一切三摩地門何以故以一切陁羅
尼門等不可得故善現如来之心不住一切
智不住道相智一切相智何以故以一切智
等不可得故善現如来之心不住聲聞乘不
住獨覺乘無上乘何以故以聲聞乘等不可
得故善現如来之心不住預流及預流向果

何以故以聲聞等不可得故善現如來
之心不住獨覺及獨覺菩提不住菩薩如來
及菩薩如來法何以故以獨覺等不可得故
善現如來之心不住極喜地及法不住離垢
地發光地焰慧地極難勝地現前地遠行地
不動地善慧地法雲地及法何以故以極喜
地等不可得故善現如來之心不住異生地
及法不住種姓地第八地具見地薄地離欲
地已辦地獨覺地菩薩地如來地及法何以
故以異生地等不可得故如是善現如來之
心於一切法都無所住亦非不住
時具壽善現謂舍利子言如是菩薩摩訶薩
雖住般若波羅蜜多而同如來於一切法都
無所住亦非不住所以者何舍利子菩薩摩
訶薩雖住般若波羅蜜多而於色非住非不

訶薩雖住般若波羅蜜多而於色非住非不
住於受想行識亦非住非不住何以故以色
蘊等無二相故舍利子菩薩摩訶薩雖住般
若波羅蜜多而於眼處非住非不住於耳鼻
舌身意處亦非住非不住何以故以眼處等
無二相故舍利子菩薩摩訶薩雖住般若波
羅蜜多而於色處非住非不住於聲香味觸
法處亦非住非不住何以故以色處等無二
相故舍利子菩薩摩訶薩雖住般若波羅蜜
多而於眼界非住非不住於色界眼識界及
眼觸眼觸為緣所生諸受亦非住非不住何
以故以眼界等無二相故舍利子菩薩摩訶
薩雖住般若波羅蜜多而於耳界非住非不
住於聲界耳識界及耳觸耳觸為緣所生諸

故舍利子菩薩摩訶薩雖住般若波羅蜜多
而於鼻界非住非不住於香界鼻識界及鼻
觸鼻觸為緣所生諸受亦非住非不住何以
故以鼻界等無二相故舍利子菩薩摩訶薩
雖住般若波羅蜜多而於舌界非住非不住
於味界舌識界及舌觸舌觸為緣所生諸受
亦非住非不住何以故以舌界等無二相故
舍利子菩薩摩訶薩雖住般若波羅蜜多而
於身界非住非不住於觸界身識界及身觸
身觸為緣所生諸受亦非住非不住何以故
以身界等無二相故舍利子菩薩摩訶薩雖
住般若波羅蜜多而於意界非住非不住於
法界意識界及意觸意觸為緣所生諸受亦
非住非不住何以故以意界等無二相故舍

非住非不住何以故以意界等無二相故舍
利子菩薩摩訶薩雖住般若波羅蜜多而於
地界非住非不住於水火風空識界亦非住
非不住何以故以地界等無二相故舍利子
菩薩摩訶薩雖住般若波羅蜜多而於苦聖
諦非住非不住於集滅道聖諦亦非住非不
住何以故以苦聖諦等無二相故舍利子菩
薩摩訶薩雖住般若波羅蜜多而於無明非
住非不住於行識名色六處觸受愛取有生
老死愁歎苦憂惱亦非住非不住何以故以
無明等無二相故舍利子菩薩摩訶薩雖住
般若波羅蜜多而於內空非住非不住於外
空內外空空空大空勝義空有為空無為空
畢竟空無際空散空無變異空本性空自

空共相空一切法空不可得空無性空自性
空無性自性空亦非住非不住何以故以
空等無二相故舍利子菩薩摩訶薩雖住
若波羅蜜多而於真如非住非不住於法
法性不虛妄性不變異性平等性離生性
定法住實際虛空界不思議界亦非住非
住何以故以真如等無二相故
舍利子菩薩摩訶薩雖住般若波羅蜜多
於布施波羅蜜多非住非不住於淨戒安
精進靜慮般若波羅蜜多亦非住非不住何
以故以布施波羅蜜多等無二相故舍利子
菩薩摩訶薩雖住般若波羅蜜多而於四靜
慮非住非不住於四無量四無色定亦非住
非不住何以故以四靜慮等無二相故舍利
子菩薩摩訶薩雖住般若波羅蜜多而於八

相故舍利
子菩薩摩訶薩雖住般若波羅蜜多而於八
解脫非住非不住於八勝處九次第定十遍
處亦非住非不住何以故以八解脫等無二
相故舍利子菩薩摩訶薩雖住般若波羅蜜
多而於四念住非住非不住於四正斷四神
足五根五力七等覺支八聖道支亦非住非
不住何以故以四念住等無二相故舍利子
菩薩摩訶薩雖住般若波羅蜜多而於空解
脫門非住非不住於無相無願解脫門亦非
住非不住何以故以空解脫門等無二相故
舍利子菩薩摩訶薩雖住般若波羅蜜多而
於五眼非住非不住於六神通亦非住非不
住何以故以五眼等無二相故舍利子菩薩
摩訶薩雖住般若波羅蜜多而於佛十力非

住非不住於四無所畏四無礙解大慈大悲
大喜大捨十八佛不共法亦非住非不住何
以故以佛十力等無二相故舍利子菩薩摩
訶薩雖住般若波羅蜜多而於無忘失法非
住非不住於恒住捨性亦非住非不住何以
故以無忘失法等無二相故舍利子菩薩摩
訶薩雖住般若波羅蜜多而於一切陁羅尼
門非住非不住於一切三摩地門亦非住非
不住何以故以一切陁羅尼門等無二相故
舍利子菩薩摩訶薩雖住般若波羅蜜多而
於一切智非住非不住於道相智一切相智
亦非住非不住何以故以一切智等無二相
故舍利子菩薩摩訶薩雖住般若波羅蜜多
而於聲聞乘非住非不住於獨覺乘無上乘
亦非住非不住何以故以聲聞乘等無二相

而於聲聞乘非住非不住於獨覺乘無上乘
亦非住非不住何以故以聲聞乘等無二相
故舍利子菩薩摩訶薩雖住般若波羅蜜多
而於預流及預流向果非住非不住於一來
不還阿羅漢及一來不還阿羅漢向果亦非
住非不住何以故以預流等無二相故舍利
子菩薩摩訶薩雖住般若波羅蜜多而於獨
覺及獨覺菩提非住非不住於菩薩如來及
菩薩如來法亦非住非不住何以故以獨覺
等無二相故舍利子菩薩摩訶薩雖住般若
波羅蜜多而於極喜地及法非住非不住於
離垢地發光地焰慧地極難勝地現前地遠
行地不動地善慧地法雲地及法亦非住非
不住何以故以極喜地等無二相故舍利子
菩薩摩訶薩雖住般若波羅蜜多而於異

[illegible]
地薄地離欲地已辦地獨覺地菩薩地如來
地及法亦非住非不住何以故以異生地等
無二相故舍利子菩薩摩訶薩於般若波羅
蜜多隨非住非不住以無所所得為方便應如
是學

初分諸天子品第二十三

尒時會中有諸天子竊作是念諸藥叉等言
詞呪句雖復隱密而尚可知尊者善現於此
般若波羅蜜多雖以種種言詞顯示而我等
輩竟不能解善現知彼心之所念便告之言
汝等天子於我所說不能解耶諸天子言如
是如是具壽善現復告彼言我曾於此不說
一字汝亦不聞當何所解何以故甚深般若
波羅蜜多文字言說皆遠離故由此於中說

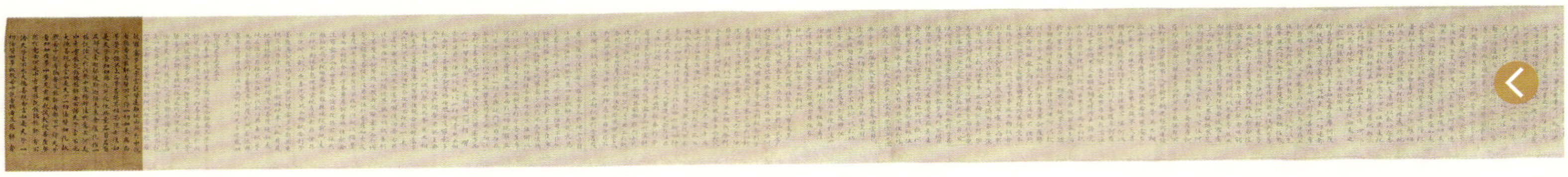

波羅蜜多文字言說皆遠離故由此於中說
者聽者及能解者皆不可得一切如來應正
等覺所證無上正等菩提其相甚深亦復如
是天子當知如佛化身化作無量苾芻苾芻
尼鄔波索迦鄔波斯迦俱來集會復化作一
能說法人於此衆中宣揚妙法於意云何是
中有實能說能聽能解者不諸天子言不也
大德善現告言如是天子一切法皆如化故
般若中說者聽者及能解者都不可得天子
當知如在夢中夢見有佛教誡教授菩薩聲
聞於意云何是中有實能說能聽能解者不
諸天子言不也大德善現告言如是天子一
切法皆如夢故般若中說者聽者及能解者

BD00456v　勘記

BD00457　大薩遮尼乾子所說經（异卷）卷九

（北魏）菩提流支 譯

629.5cm × 25.8cm

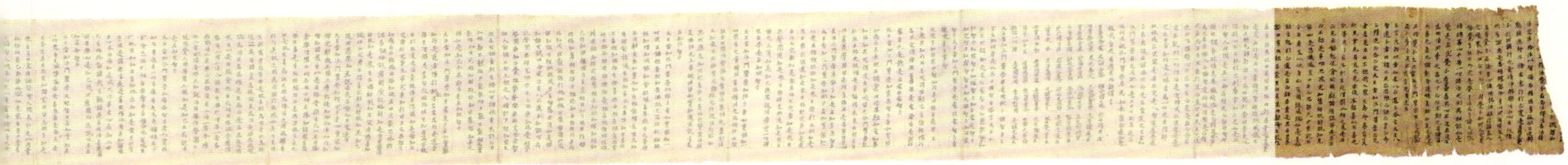

[illegible]
……分別撰擇如
[illegible]……擇法覺分若念法擇法善法猗
法空法捨法以智攝取精進勇猛欲不退轉
懃脩進趣不捨本意行於正道是名精進覺
分於所脩行无量清淨勝樂法中心生悅豫
无有懈怠是喜踊躍能除身心所有煩惱[illegible]
名喜覺分若除身心諸煩惱垢離於諸蓋入
空境界令心正住[illegible]猗覺分如所入空悉
能覺了非不入空是覺了法又了諸見煩惱
結縛其心平等一切諸法无別異相能如是
覺是名空覺分若憂喜其心不沒亦復不
爲世法所牽无高无下正住不動无有諸漏
无喜无著无諸鄣导隨順真諦正道之道是

[illegible]覺分大王當知[illegible]
是七覺分是故我言无有過失
王言大師何者如来八正道分荅言大王八
聖道分者所謂正見正思惟正語正業正命
正精進正念正定大王當知沙門瞿曇正見
者若見出世不起我人衆生壽命養育丈夫
斷見常見有見无見亦復不起善以不善无
記等見乃至下起生死涅槃二相之見是名
正見若能起彼貪欲瞋癡諸煩惱等是名不
正不起是事唯思惟定知慧解脫解脫知見
能如是思儀式衆中名正思惟凡所有說不
令自身及以他身而有煩惱成就如是善好
語言起於正道是名正語若業是黑有黑果
報白有白報若業黑白有黑白報若不故作

BD00457　大薩遮尼乾子所說經（异卷）卷九

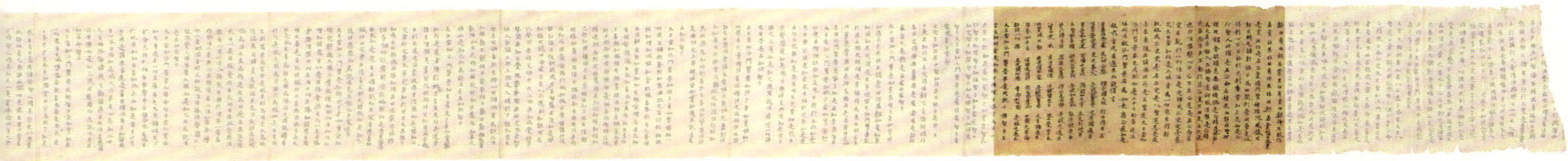

報白有白報若業黑白有黑白報終不敢作
若業非黑非白有非黑非白報若業能盡業
是業必作是名正業脩行聖種頭陁威儀不
動不轉无諸姧諂不為世間利養所牽見他
得利心不生熱於己利養常知止足如是正
行聖人所讚是名正命若精進向邪非聖所
讚所謂貪欲瞋恚愚癡煩惱是正精進終不
為之若法能入正諦聖道寂滅涅槃是正精
進若念不失不動於法正直不曲見生死過
進求涅槃繫心不忘不失正道是名正念若
定不亂於一切法住是定時或正決定是意
定大王當知住是三昧者為一切衆生得觧
脫故成正決定是名正定是八聖道悉是過
去未來現在諸佛所行是名聖道大王當知

依此法故沙門瞿曇名為如來應正遍知是
故我言无有過失而說偈言
瞿曇四念處　及四正懃　禪定諸三昧　於中得自在
唯瞿曇究竟　更无第二人　是故說瞿曇　无有諸過失
瞿曇如意道　最勝无有比　脩諸四无量　具足到彼岸
大聖能善解　解脫諸禪等　是故如意知　能淨諸衆生
梵行得自在　慈悲及喜捨　得正見寂靜　是故无過失
八聖正道水　清淨无垢濁　洗諸罪衆生　服七覺寶衣
持置彼不動　无畏涅槃處　是故說瞿曇　无有諸過失
瞿曇如牛王　獨勝過諸群　衆聖皆尊仰　世間无等倫
離諸一切惡　具足諸功德　常念利世間　是故无過失
大王當知沙門瞿曇畢竟成就十種智力王
言大師何者是如來十種智

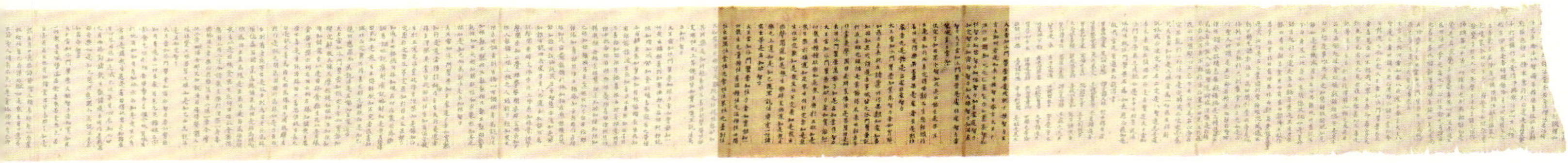

大王當知沙門瞿曇畢竟成就十種智力王
言大師何者是如來十種智力答言大王十
力者所謂知是處非處智力知業集智力知
性智力知信智力知根智力知至處道智力
知定智力知宿命智力知天眼智力知漏盡
智力大王當知沙門瞿曇是處非處智力者
決定大王當知
決定了知因果中智知從是因能生是果不
生是果知行不善定得苦報不生樂報修行
善因定得樂果不善果是處者有是報非
處者无是報是名處非處智力
大王當知沙門瞿曇知業集智力者如實能
知過去未來現在諸業所得果報知處知事

於過去雖無現在是業能得未來世報若有
作業是聲聞因是辟支佛因是菩薩因是如
來因沙門瞿曇悉能了知是名知業集智力
大王當知沙門瞿曇知欲力者如實能知一
切衆生種種欲樂知是衆生樂於五欲知是
衆生樂於脩道知是衆生任邪定聚知是衆
生任正定聚知是衆生任不定聚知是衆生
樂聲聞道知是衆生樂辟支佛道知是衆生
樂无上道知是知已隨宜說法廣度一切諸
衆生等是名知欲智力
大王當知沙門瞿曇知性力者如實能知一
切衆生无量種性有漏種性无漏種性世間
性出世間性常性无常性法界性无差別性

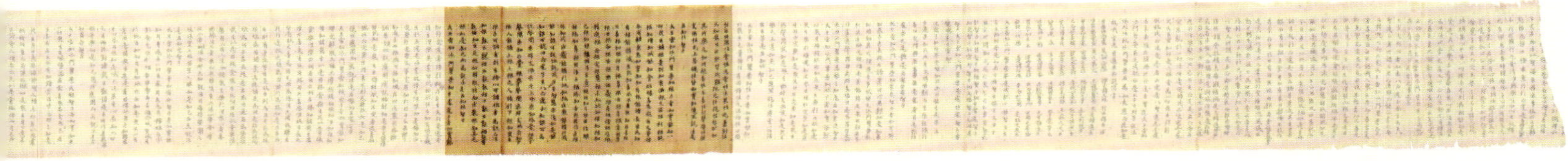

性出世間性常性无常性法界性无差別性
又知衆生所樂習成難改之性從性起欲知
其所樂及知所起善性不善性起聲聞性辟
支佛性无上菩提性皆如實知隨宜說法是
名知性智力
大王當知沙門瞿曇知根力者如實能知一
切衆生諸根差別知有漏根无漏根利根鈍
根知增知減能知貪欲瞋恚愚癡有无量種
各有輕重悉如實知知有根能增長生死知
有根能損減生死知善根不善根知非善非
不善根知眼根耳根鼻根舌根身根意根男
根女根命根苦根樂根憂根喜根捨根信根
精進根念根定根慧根未知欲知根知根知

根緣知鼻根因作舌根緣知舌根因作身根
緣知或莊嚴能脩於施知施莊嚴能脩於或
能知誰可說施說或乃至智慧亦復如是能
知誰可說四念處乃至八正道名知誰可為
說聲聞乘辟支佛乘无上佛乘知緣覺根學
聲聞乘知正覺根學聲聞乘辟支佛乘知下
根人能脩上根上根之人脩於下根知衆生
根未可調者則生捨心可調伏者為說正法
知根熟不熟相不熟熟相不熟不熟相熟者
熟相知生死根知解脫根知莊嚴根知具足
根如是知已而為說法是名知根智力
大王當知沙門瞿曇知至處道力者如實能

BD00457　大薩遮尼乾子所説經（异卷）卷九

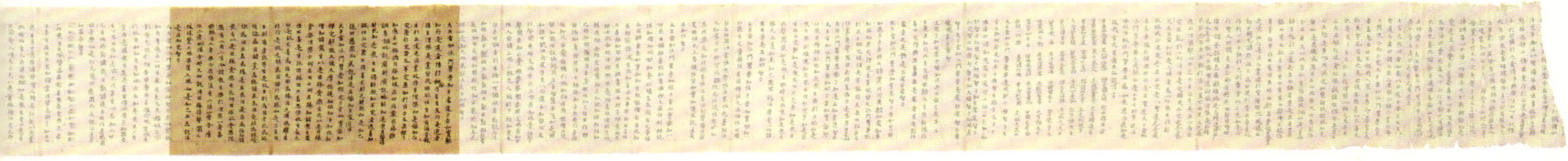

大王當知沙門瞿曇知至處道力者如實能
知行是道者墮於地獄乃至生天行是道者
得至涅槃是業皆從根欲性生知有漏業故
生於五道无漏業故得至涅槃如是能知正
定聚邪定聚及不定聚知於因力及果報力
知過去世福德因緣知現在世莊嚴因緣難
調易調略說廣解廣說略解知是衆生能得
解脫知是衆生不得解脫知不定者遇善知
識住正定聚不得善友則无解脫如是知已
隨所應聞而為說法是名能知至處道力
大王當知沙門瞿曇知禪定力者如實能知
禪定解脫三昧三摩拔提知垢知淨知住知
增知諸衆生以是因緣貪樂生死入是因緣

貪樂[illegible]知諸衆生思
惟不善是生死因緣因不善思惟故生長无
明是故不善爲因无明爲緣因无明故明生
於行是故无明爲因諸行爲緣如是乃至因
生則有老死等苦是故生則爲因老死爲緣
煩惱爲因諸業爲緣諸見爲因愛結爲緣煩
惱爲因五蓋爲緣是名爲因是名爲緣而諸
衆生以是因緣貪樂生死何因緣故貪樂涅
槃有二因二法令諸衆生樂於涅槃一者善
樂聽法二者樂正思惟復有二法一者舍摩
他二者毗婆舍那又知說法因緣得聲聞三
昧緣覺三昧菩薩三昧如是知已而爲說法
是名知定智力

BD00457　大薩遮尼乾子所説經（异卷）卷九

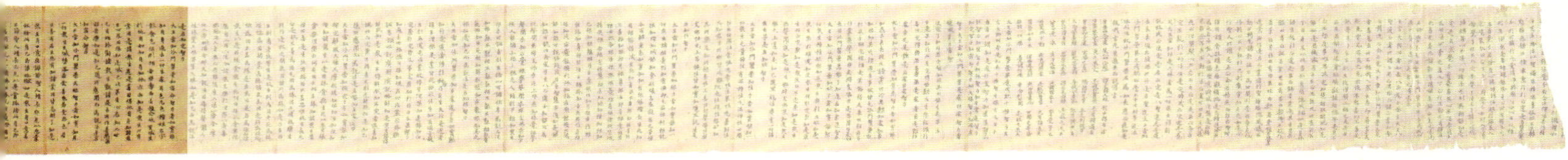

是名知宿命智力
大王當知沙門瞿曇知宿命智力者如實能
知自身過去一切生處有色无色種姓名字
飲食色貌形相苦樂壽命長短念他有滅生
於他有如知自身知他亦尒知是衆生所有
業因是諸衆生造是業因得他有身知諸衆
生心及因緣如是滅已次第生心悉知二世
无有始終勸諸衆生觀諸過去所作善惡果
報苦樂如是知已隨所應聞而爲說法是名
知宿命智力
大王當知沙門瞿曇天眼智力者如實知見
一切衆生生滅墮落若受善色若受惡色若
生善有若生惡有知諸業因皆悉明了知是

衆生身口意惡謗聖人增長邪見以惡業
故捨此身已即墮地獄如是衆生身口意善
不謗聖人增長正見以是業緣捨此身已即
生善有能見十方諸佛世界无有邊際猶如
虛空无有限量悉見衆生生時滅時見諸世
界成時壞時亦知衆生發菩提心生時滅時
見一切佛如成正覺轉正法輪入涅槃時見
諸聲聞證解脫已取涅槃時見諸緣覺以神
通力教諸衆生施信恩時如是等事一切五
通聲聞緣覺及諸菩薩所不能見沙門瞿曇
天眼成就如是功德以天眼故觀諸衆生誰
應為佛之所化度誰復應為聲聞緣覺之所
化度如是見已隨應度者亦現其身而為說

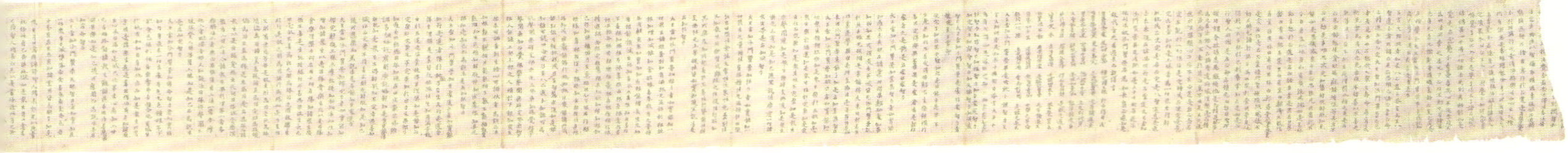

應為佛之所化度誰復應應為聲聞緣覺見之所
化度如是見已隨應度者示現其身而為說
法是名知天眼智力
大王當知沙門瞿曇知漏盡智力者諸漏已
盡畢竟解脫是故唱言我生已盡梵行已立所
作已辯更无後有佛漏盡智清淨微妙言清
淨者无習氣故聲聞之智有邊有量何以故
有習氣故辟支佛智亦有邊量何以故无大
悲故佛漏盡智无量无邊何以故知一切行
故具足成就一切智故永斷一切諸習氣故
攝取大慈大悲莊嚴四无畏故於一切法无
取相習一切世間所不能勝行住坐臥无諸
過失猶如虛空清淨无垢不雜烟雲佛漏盡

衆生說法令彼聞者斷諸煩惱是名知漏盡
智力大王當知沙門瞿曇畢竟成就如是十
種智力以是莊嚴故名如來應正遍知是故
我言无有過失而說偈言
是處及非處　諸佛如實知　天尊實語者　是故无過失
於諸過去世　聖照无鄣㝵　未來及現在　智慧不迷沒
業及業果報　所有果因智　皆能如實知　是故名爲佛
世人无量性　種種如實知　於性中善解　是名无等人
世間種種信　及无量信者　如實智慧知　是故不異語
如實知下根　及知中根者　如實知根熟　於根得自在
至一切處道　世尊如實知　力通根禪定　覺分解脫者
知染及清淨　著別如實解　如來无有鄣　以離諸鄣故
過去无量生　種種知力見　自身及他身　智者如實知
佛淨眼无垢　過天人世間　依彼清淨眼　見衆生生道
知諸漏盡智　及知於解脫　所有无漏界　聖人如實知
是力无等等　佛世尊自在　於一心中現　而心无分別
不取亦不捨　自然而現前　如輪依本業　自然而迴轉
一念如實知　衆生諸心念　於心及衆生　不起二種相
於一切法中　具足諸功德　是故說瞿曇　自在无過失

BD00457　大薩遮尼乾子所說經（异卷）卷九

於一切法中　具足諸功德　是故說瞿曇　自在无過失
大王當知沙門瞿曇畢竟成就四无所畏王
言大師何者如來四无所畏荅言大王所謂
一切智无畏漏盡无畏鄣道无畏盡苦道无
畏大王當知一切智无畏者沙門瞿曇悉已
覺知一切諸法若諸世間天人魔梵沙門婆
羅門作如是言沙門瞿曇不能覺知一切諸
法如實說者无有是處何以故沙門瞿曇悉
能覺知一切諸法是故名為平等正覺所謂
凡夫法聖人法聲聞法緣覺法佛法菩薩法
學法无學法世間法出世間法善法不善法
有漏法无漏法有為法无為法覺如是法故
名正覺言平等者見空平等法真實故无相
平等壞諸相故无願平等不著三界故不生
平等无生性故无行平等无行性故无出平
等无出性故无至處平等无至處性故真實
平等无三世故解脫平等无明性故涅槃

師子吼轉梵法輪一切世間天人魔梵沙門
婆羅門未曾有能如法轉者是名一切智无
畏大王當知漏盡无畏者沙門瞿曇諸漏已
盡是故唱言我漏已盡若諸世間天人魔梵
沙門婆羅門作如是言沙門瞿曇諸漏未盡
如實說者无有是處何以故沙門瞿曇諸漏
已盡於欲漏有漏无明漏見漏心得解脱諸
習氣滅是故沙門瞿曇諸漏已盡至无畏處
在大衆中作師子吼轉梵法輪一切世間天
人魔梵沙門婆羅門未曾有能如是轉者是
名漏盡无畏大王當知鄣道无畏者沙門瞿
曇知諸欲法能鄣聖道是故說言欲能鄣道
若諸世間天人魔梵沙門婆羅門作如是言
是諸欲法不能鄣道如實說者无有是處何
以故沙門瞿曇如實覺知鄣道法故鄣道法
者謂十不善業能鄣聖道沙門瞿曇能如實
知至无畏處在大衆中作師子吼轉梵法輪

BD00457　大薩遮尼乾子所説經（异卷）卷九

者謂十不善業能鄣聖道沙門瞿曇能如實
知至无畏處在大衆中作師子吼轉梵法輪
一切世間天人魔梵沙門婆羅門未曾有能
如法轉者是名鄣道无畏大王當知盡苦道
无畏者沙門瞿曇說言脩習聖道能盡苦際
得无上解脫若諸世間天人魔梵沙門婆
羅門作如是言脩習聖道不能畢竟盡諸苦
際如實說者无有是處何以故沙門瞿曇已
證无上解脫盡諸苦故云何名爲真實聖道
所謂乘復有二種謂奢摩他毗婆舍那復
有三種謂空三昧无相无願三昧復有七法
謂四念處乃至八聖道是名畢竟真實聖道
畢竟道者无增无減无取无捨无執无放非
正非耶非一非二是名真實畢竟正道沙門
瞿曇如實能知至无畏處在大衆中作師子
吼轉梵法輪一切世間天人魔梵沙門婆羅

能師子吼　是故我言　无有過失　而説偈言
瞿曇如師子　處衆无畏説　世間无與等　何况有勝者
瞿曇證諸法　如實不虛妄　以是實見故　出師子王説
若有能説言　瞿曇説不正　瞿曇不能見　无有如是處
以不見相者　在於天人中　自在師子吼　出妙无畏聲
瞿曇漏已盡　已得无漏身　過天人世間　是故言无等
瞿曇爲衆生　説諸鄣道法　一切皆如實　故不虛妄説
瞿曇説進取　自證如是説　修行彼法者　无有諸鄣㝵
瞿曇如是知　至勝无畏處　得无畏妙樂　瞿曇安隱住
轉梵正法輪　餘未曾轉彼　世人不能轉　除兩足尊者
大王當知沙門瞿曇畢竟成就不共之法王
言大師何者如來不共之法答言大王沙門
瞿曇不共法者所謂无有一切過名不共法
何以故沙門瞿曇身業无失故无一切唱名
不共法何以故沙門瞿曇口業无失故无一
切忘名不共法何以故沙門瞿曇意業无失
故无種種相名不共法何以故沙門瞿曇若
得供養不生高心若得毀辱不生下心故无

BD00457　大薩遮尼乾子所説經（异卷）卷九

故无種種相名不共法何以故沙門瞿曇若
得供養不生高心若得毀辱不生下心故无
不定心名不共法何以故沙門瞿曇若行若
住若坐若卧若語若默常在定故无不作心
捨心名不共法何以故沙門瞿曇脩身故脩
戒故脩心故脩慧故斷疑故是名聖捨欲无
休息名不共法何以故沙門瞿曇大慈大悲
說法度人安住寂靜无增減故精進无休息
名不共法何以故沙門瞿曇爲一切衆生於
无量劫受大苦惱不生疲厭故念无休息名
不共法何以故沙門瞿曇初得道時遍觀一
切去來現在衆生之心後爲說法不須更觀
不失先念故智慧无休息名不共法何以故沙
門瞿曇於三世中憶念不忘故解脫无休息
名不共法何以故沙門瞿曇不從師學自然
覺悟不同二乘從他聞故因緣生故解脫知
見无休息名不共法何以故沙門瞿曇得无
閡智知一切義一切字一切句於一句法无
量劫說義无窮盡故一切身業智爲本智展
轉名不共法何以故沙門[illegible]

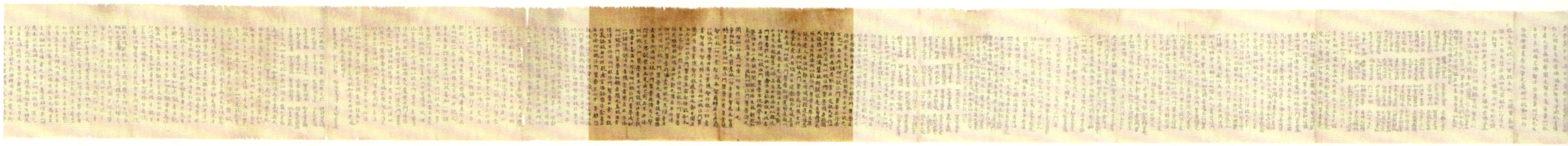

知[illegible]故一切[illegible]業智為本智展轉名不共法
以故沙門瞿曇所有口業隨智行故一切意
業智為本智展轉名不共法何以故沙門瞿
曇所有意業隨智行故過去世无鄣无閡名
不共法何以故沙門瞿曇具宿命明故知未
來世无鄣无閡名不共法何以故沙門瞿曇
得天眼明故知現在世无鄣无閡名不共法
何以故沙門瞿曇得漏盡明故无見頂者名
不共法何以故沙門瞿曇无邊身故无能勝
者名不共法何以故沙門瞿曇過諸天人聲
聞辟支佛故衆生各見在已前名不共法
何以故沙門瞿曇身不可思議故所有言說
聞者生善名不共法何以故沙門瞿曇成就
一切諸功德說法之音隨受者聞名不共法
何以故沙門瞿曇善知餘者聞无益故出言
清淨名不共法何以故沙門瞿曇口常不說
非義語故出口所說麁言濡語聞法歡喜名
不共法何以故沙門瞿曇其心平等離怨
見故[illegible]

不共法何以故沙門瞿曇其心平等離怨
親故所説言音聞者无厭名不共法何以故
沙門瞿曇説微妙故處衆无畏名不共法何
以故沙門瞿曇清淨一切諸智鄣故於衆言
説不生怯弱名不共法何以故沙門瞿曇畢
竟成就四无畏故隨意言説名不共法何以
故沙門瞿曇善知一切衆生心故弟子寂靜
名不共法何以故沙門瞿曇所有徒衆隨順
受教故見者離惱除諸不善名不共法何以
故沙門瞿曇常顧其身如藥樹王故觀者无
厭名不共法何以故沙門瞿曇能令見者覺
一切法故動身迴顧如大象王名不共法何
以故沙門瞿曇視如龍王威儀清淨故在於
四衆能師子吼名不共法何以故沙門瞿曇
具足十力善决衆疑故常受上供名不共法
何以故沙門瞿曇无上福田故功德无盡名

幹故一十天人廣□梵天能坊□□不共
法何以故三節中有那羅延力故所記之
事无有虛謬名不共法何以故善知一切諸
根使故知一切行名不共法何以故沙門瞿
曇覺一切法故所有智慧无有疑濁名不共
法何以故沙門瞿曇善知三世智清淨故煩
惱習盡名不共法何以故沙門瞿曇善能清
淨煩惱因故於諸世間天人魔梵沙門婆羅
門衆中為師首名不共法何以故沙門瞿曇
通達一切諸法相故所得法身名不共法何
以故沙門瞿曇壽命无盡故見聞親近得大
利益名不共法何以故沙門瞿曇成就善法
三業不空故出身血者犯於逆罪名不共法
何以故沙門瞿曇成就无上勝善根故大王
當知沙門瞿曇畢竟成就如是不共法是故
我言无有過失而說偈言
瞿曇无過失　亦无一切鄣　諸念皆清淨　是智者无過

BD00457　大薩遮尼乾子所說經（异卷）卷九

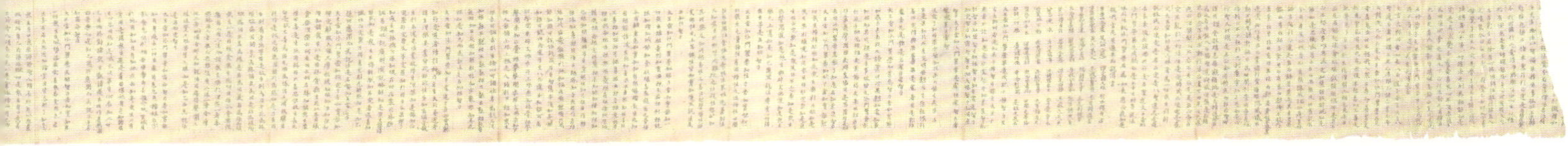

曾知沙門瞿曇畢竟所說如是不共法

我言无有過失而說偈言

瞿曇无過失　亦无一切鄣　諸念皆清淨　是智者无過

一切无異想　惡不忘失　捨心非无作　諸欲皆不減

精進无懈怠　有念不曾忘　慧解脫不退　正見无失減

智慧不可動　身口業亦尒　以智為根本　如是常展轉

常智无過失　過去世亦尒　未來及現在　諸處无鄣閡

瞿曇是智者　如是諸功德　更有餘勝法　地圭不可數

王言大師如來成就如是功德莊嚴之身為

是常也為无常也　如是功德為有盡也為无

盡也荅言大王沙門瞿曇任是功德盡生死

際寂後邊身常住身非无常也大王當知勿

觀瞿曇同无常也王言大師如是常身當云

何觀荅言大王如自觀己法性之身觀於瞿

曇法身亦尒是身為色不可如色見故是身

為心不可如心知故是身為炬性不闇故

[illegible]
无相離覺觀故是身无願出三界故是身一
相无異相故是身如虛空无相似故是身非
生從緣生故是身非滅本不生故是身非住
非三世故是身非方不離方故是身非衆生
不離一切衆生故大王當知如是觀者名觀
常身名見法身大王當知如是觀者名爲正
觀若他觀者名爲邪觀王言大師云何非生
而從緣生大王當知法身非生從緣生故王
言大師云何從緣生大王當知從緣生者從
无量功德智慧生從戒生從定生從慧生從
解脫生從解脫知見生從慈悲喜捨生從布
施生從持戒生從忍辱生從精進生從禪定
生從智慧生從解脫三昧生從諸方便波羅
蜜生從六通生從三明生從四无导生從十
力四无所畏十八不共法生從斷一切不善
法集一切善法生從實慧生從不放逸生大

BD00457　大薩遮尼乾子所説經（异卷）卷九

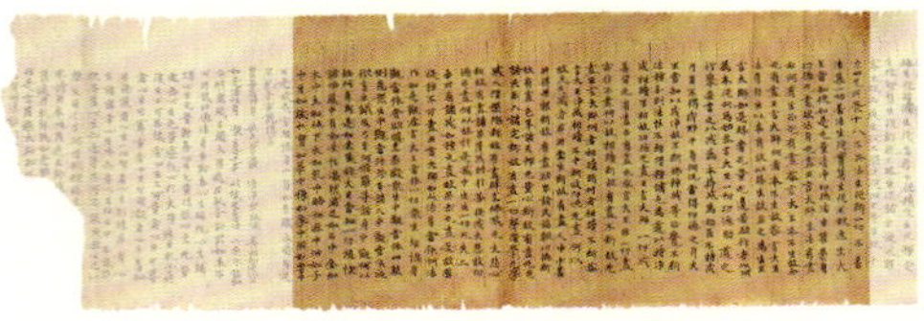

力四无所畏十八不共法生從斷一切不善
法集一切善法生從寶慧生從不放逸生大
王當知從如是无量清淨功德法生瞿曇身
功德无盡故法身无盡王言大師生法有盡
云何有生而无有盡荅言大王本不生故而
无有盡王言大師何者本不生故荅言大王
法身非生以本有故以緣生故名之為生王
言大師如是緣者无量无邊若欲行者以何
為本從何為始荅言大王一切功德助道之
行舉要言之以戒為本持戒為始若不持戒
乃至不得疥野干身何況當得功德之身大
王當知以戒淨故不斷佛種成等正覺不斷
法種分別法性不斷僧種脩无為道以持淨
戒相續不斷故功德无盡王言大師一切戒
善皆无有盡亦有盡也荅言大王非一切盡
亦非不盡何以故相續斷故有盡不斷故无

故凡夫戒者在所受生斷故有盡人中十善
所得果報斷故有盡欲界諸天福報功德斷
故有盡色界諸天禪无量心斷故有盡无色
諸天取入諸定斷故有盡一切聲聞學无學
戒入涅槃際斷故有盡辟支佛戒无大悲心
斷故有盡諸菩薩戒到於菩提成大悲故功
德无盡何以故於是戒中出生一切凡夫二
乘所有諸戒如種无盡故果亦无盡是故菩
提種不可盡王言大師如此法身當依何法
作如是觀荅言大王當依一切衆生煩惱身
觀當依貪欲瞋恚愚癡衆生中觀當依四顛
倒見衆生中觀當依陰界諸入中觀當依地
獄畜生餓鬼乃至阿脩羅等諸身中觀何以
故此身即是如来藏故大王當知一切煩惱
諸垢藏中有如来性湛然滿足如石中金如
木中火如地下水如乳中酪如麻中油如子
中牙如藏中寶如摹中像如孕中胎如雲中

木中火如地下水如乳中酪如麻中油如子
中牙如藏中寶如摹中像如孕中胎如雲中
日是故我言煩惱身中有如來藏尒時薩遮
尼乹子重說偈言
瞿曇法性身　妙色常湛然　清淨常寂滅　其相如虛空
如是法性身　衆生等无差　此境界甚深　二乘不能知
尒時嚴熾王聞大薩遮尼乹子說於如來不
可思議功德法身生歡喜心生踊悅心生踊
躍心生无量歡喜心生无量信敬心生无量
愛念心生无量慶悅心於大薩遮尼乹子所
復生不可思議者心生不可量者心生可尊
者心生可尊重者心生可恭敬者心生善知
菩提道者心生一切智者心生到彼岸者心
生寤寤者心生與念者心生任不可思議解
脫菩薩心生如是等不可思議種種心已以
價直百千万阿僧祇瓔珞及
衣持用奉施薩遮大師復
[illegible]

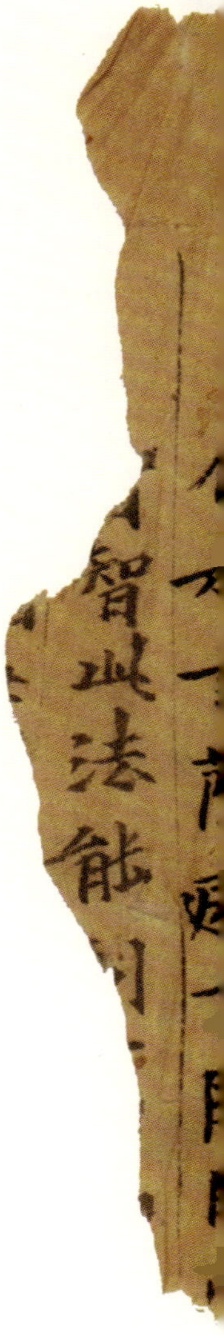

智此法能

BD00458 賢劫十方千五百佛名經卷上

351.5cm × 25.9cm

……右佛　南无无邊虛空自在佰王佛　……日佛

南无上香德佛　南无虛空德佛
南无趣高行佛　南无作方所佛
南无趣高弥樓佛　南无无导眼佛
南无娑伽羅佛　南无須弥肩佛
南无善安王佛　南无上衆嚴佛
南无三同号上衆佛　南无空性佛
南无名聞力王佛　南无放光佛
南无離垢佛　南无雜華香佛
南无无相音佛　南无離怖畏佛
南无无导眼佛　南无旃檀香佛
南无大聲眼佛　南无寶積佛
南无□□王佛　□无□□□佛

南无大聲眼佛　南无寶積佛
南无香爲王佛　南无一華善佛
南无二同号弥樓肩佛　南无綱明佛
南无寶華德佛　南无智華寶明德佛
南无增十光佛　南无增千光佛
南无智光佛　南无智出光佛
南无滅諸怖畏佛　南无无邊光明佛
南无无㝵智佛　南无綱光佛
南无寶意佛　南无善出光佛
南无无邊陳佛　南无邊自在佛
南无智住佛　南无優波羅德佛
南无釋迦文佛　南无智流布佛
南无調御佛　南无婆羅寶王佛
南无寶婆羅佛　南无寶行列佛

南无寶婆羅佛　南无寶行列佛
南无德王佛　南无不虛稱王佛
南无流布王佛　南无不虛力佛
南无香明佛　南无无导音佛
南无多安王佛　南无多聞力佛
南无須弥高須王佛　南无蓮華上佛
南无寶高德佛　南无方流布嚴佛
南无普守增上雲音王佛　南无无邊明佛
南无法積佛　南无无邊慧成佛
南无无邊功德智明佛　南无華生德佛
南无華出王佛　南无本淨佛
南无善德佛　南无寶光月殿妙尊音王佛
南无須弥燈光明佛
現在東南方一百五十佛名　佛告舍利弗若善男子善女人其有聞此諸佛名号

現在東南方一百五十佛名

佛告舍利弗若善男子善女人其有聞此諸佛名号持諷誦念至心信樂无有疑悔此諸如來皆授其決住不退地若有女人聞諸佛名歡喜信樂礼敬之者從是以後所生之處不受女身不為三毒之所纏縛應受无量億劫之罪自然消滅如淨天金獨步无畏魔呪外道所不能壞所得功德不可思議滅八万千億生死之罪

南无東南方无憂德佛　南无八輝進佛

南无進精進佛　南无德明王佛

南无除衆惑佛　南无師子音佛

南无師子相佛　南无阿閦佛

南无須弥頂佛　南无一切緣中能見佛

南无念離佛　南无畏手佛

南无无邊緣中現佛　南无蓮華敷力佛

南无網明佛　南无无邊明佛

南无寶花佛　南无婆羅佛

南无發心即轉法輪佛　南无華聚佛

南无發心即轉法輪佛　南无華聚佛
南无增千光佛　南无无上光佛
南无不動力佛　南无无邊出力佛
南无无邊願佛　南无无邊自在力佛
南无无量願佛　南无无定願佛
南无轉胎佛　南无轉諸難佛
南无一切緣脩脩佛　南无三億同字不沙佛
南无无勝莊嚴佛　南无方无憂功德佛
南无法自在師子遊戲佛　南无虛空佛
南无有德佛　南无道自在佛
南无羅王佛　南无師子吼王佛
南无八辟勝雷佛　南无難俎壞王閻浮提佛
南无珎寶藏功德吼佛　南无大藏佛
南无星宿稱佛　南无功德力娑羅王佛

南无星宿稱佛
南无功德力娑羅王佛
南无妙音自在佛
南无娑羅勝毗婆王佛
南无妙音自在寶佛
南无明自在佛
南无寶掌龍王佛
南无雨音自在法佛
南无月光明佛
南无燈光明佛
南无勝音山佛
南无稱音王佛
南无梵音王佛
南无堅音佛
南无快樂尊佛
南无導師佛
南无普光佛
南无須弥燈王佛
南无寶莊嚴佛
南无无斷光言佛
南无離垢清光海業佛
南无水王光佛
南无世界佛
南无樂蓮華首佛
南无離垢光佛
南无守財佛
南无須弥燈王佛
南无寶德佛

南无須弥燈王佛　南无寶德佛
南无寶炎佛　南无藥王佛
南无寶頞佛　南无寶嚴佛
南无難勝佛　南无師子響佛
南无一切利成佛　南无迦葉佛
南无寶莊嚴佛　南无尊伏欲王佛
南无普賢佛　南无一切智王佛
南无龍種尊佛　南无惟越莊嚴佛
南无一燈王佛　南无普現佛
南无賢王佛　南无日華佛
南无大香王佛　南无須曼那佛
南无持式王佛　南无善淨王佛
南无梵增益佛　南无閻浮影佛
南无富樓那佛　南无勝妙佛

南无富樓那佛　南无勝妙佛
南无寶山佛　南无海藏佛
南无那羅延佛　南无尸棄佛
南无南无𡰪佛　南无覺尊佛
南无憍陳如佛　南无師子力佛
南无智幢佛　南无佛音聲佛
南无尊勝佛　南无離世尊佛
南无利益佛　南无師子尊佛
南无寂靜智佛　南无難陁佛
南无尸拘羅王佛　南无金色目佛
南无得自在佛　南无日樂佛
南无寶勝佛　南无善目佛
南无梵善樂佛　南无梵音佛
南无法月佛　南无亦現義佛

南无法月佛　南无示現義佛
南无稱樂佛　南无稱增益佛
南无端嚴佛　南无善香佛
南无眼勝佛　南无善觀佛
南无樹聚義佛　南无善意願佛
南无勝慧佛　南无金幢佛
南无善目佛　南无天明佛
南无淨飯佛　南无善見佛
南无毗流離幢佛　南无毗樓博叉手佛
南无梵音佛　南无功德成佛
南无有功德淨佛　南无寶光明佛
南无師子稱佛　南无功德道王佛
南无雨法華佛　南无造光明佛

南无雨法華佛　南无造光明佛
南无增益山王佛　南无普明佛
南无耶延勝業佛　南无愛清淨佛
南无日月光佛　南无普光自在王佛
南无梵天佛　歸命敬礼者却十方六十劫生死之罪
南无不退轉輪成首佛　一心敬礼者却千億劫生死之罪
南无大興光明佛　一心敬礼者却八方六千劫生死之罪
南无法種尊佛　一心敬礼者却四億劫生死之罪
南无成首佛　南无興光明佛
南无法種尊佛　南无寶藏莊嚴佛
現在南方一百五十佛名　佛言若善男子善女人聞南方佛名不懷疑結
信吾道眼執持礼拜者於現在世中功德具足遂
得五法一者除去吾我常值佛世二者獲尊世
轉輪聖王三者遂得揔持執御經典誠信无量四
者成卅二大人之相至得佛道衆行備悉五者
遂五神通无所弊㝵是為五事若有女人聞
此佛名至心敬礼則離女身生淨佛國上神
通具足張御七百

遂五神通无所畏[illegible]人聞
此佛名至心敬礼則離女身生淨佛國上神
通具足能却七百
万億劫生死之罪
南无南方純寶藏佛　南无旃檀德佛
南无日月燈明佛　南无名聞光佛
南无大炎肩佛　南无須弥燈佛
南无无量精進佛　南无虛空住佛
南无常滅佛　南无寶辯佛
南无不捨精進佛　南无破煩惱光明佛
南无寶炎佛　南无无憂佛
南无无憂德佛　南无不退轉上手佛
南无樹根華王佛　南无二千億同号日月燈明佛
南无无相嚴佛　南无明德聚佛
南无日意佛　南无那羅延佛
南无離垢相佛　南无求金剛佛

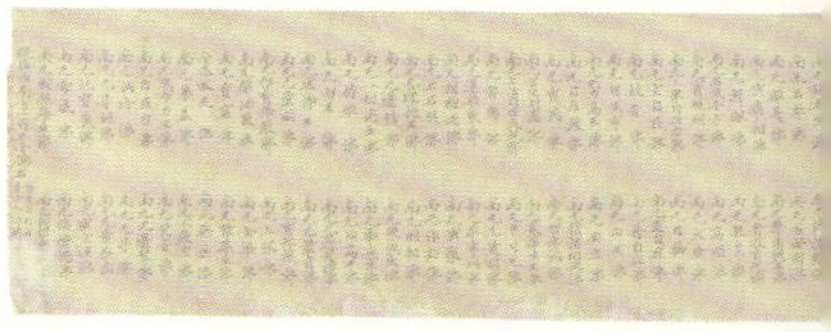

南无離垢相佛　南无求金剛佛
南无淨意佛　南无求利安佛
南无善思嚴佛　南无壞怨賊佛
南无憂鉢德佛　南无流布力王佛
南无離華佛　南无无邊明佛
南无轉男女相佛　南无上香德佛
南无寶高王佛　南无香彌樓佛
南无智見一切衆生所樂佛　南无智德佛
南无无导香嚴佛　南无純彌寶藏佛
南无无動力佛　南无迦葉佛
南无亦一切緣佛　南无調御佛
南无成利佛　南无生德佛
南无生德王佛　南无壞衆疑佛
南无德味佛　南无宿王佛

南无德味佛　　南无宿王佛
南无智德佛　　南无无量相佛
南无旃檀佛　　南无網明佛
南无梵音佛　　南无无量性德佛
南无不縁一切法佛　　南无无能斷嚴佛
南无无邊自在佛　　南无示一切法佛
南无普現諸法佛　　南无无邊德生佛
南无智出光佛　　南无華上佛
南无方生佛　　南无華生德佛
南无於衆堅固佛　　南无智明佛
南无智衆佛　　南无離胎佛
南无醫王佛　　南无壞諸煩惱佛
南无无邊智讃佛　　南无旃檀窟佛
南无具佛　　南无華生佛

南无具佛
南无華生佛
南无娑羅王安力佛
南无月出光佛
南无調御佛
南无須弥堅佛
南无施名聞佛
南无轉諸難佛
南无名雜佛
南无名堅固佛
南无離憂佛
南无華生德王佛
南无演華相佛
南无普激音光佛
南无聲眼佛
南无放炎佛
南无名流十方佛
南无高明佛
南无寶照明佛
南无大然佛
南无三界自在力佛
南无名輪佛
南无空自在佛
南无盡自在佛
南无鼓音佛
南无普自在佛
南无智流布佛
南无山王佛

南无智流布佛　南无山王佛
南无明力高王佛　南无安立佛
南无自在嚴佛　南无積諸功德佛
南无寶德佛　南无智生德佛
南无智生明德佛　南无聚華生王佛
南无上法自在成就佛　南无半月光佛
南无香爲佛　南无无量明佛
南无蓮華聚佛　南无華生德佛
南无旃檀德佛　南无演聚佛
南无上名慧佛　南无作安佛
南无无邊德王佛　南无明相佛
南无无邊積佛　南无衆德生佛
南无一切德生佛　南无華德生佛
南无持炬佛　南无熾高王佛

南无持炬佛　南无極高王佛
南无宿王佛　南无无邊弥樓佛
南无虛淨王佛　南无无量音佛
南无无量明佛　南无寶弥樓佛
南无雜寶華嚴佛　南无上衆佛
南无離垢嚴佛　南无金華佛
南无寶窟佛　南无雜華生佛
南无放光佛　南无華生佛
南无華蓋佛　南无不嚴虛佛
南无流布力王佛　南无梵音佛
南无自在力佛　南无无邊衆佛
南无調御佛　南无无㝵佛
南无无㝵眼佛　南无无量華佛
南无純寶藏佛　南无虛空住佛

南无純寶藏佛　南无虛空住佛
南无常滅佛　南无栴檀德佛
南无樹根華生佛　南无栴檀
現在西南方一百五十佛名　佛告舍利若
善女人得聞

BD00459 佛名經（异卷）卷八

（北魏）菩提流支 譯

1167.5cm × 26cm

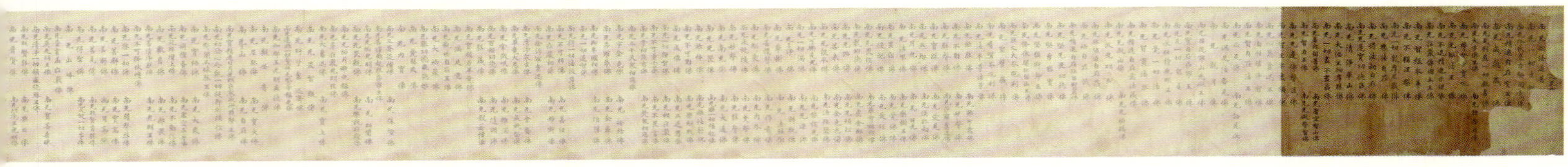

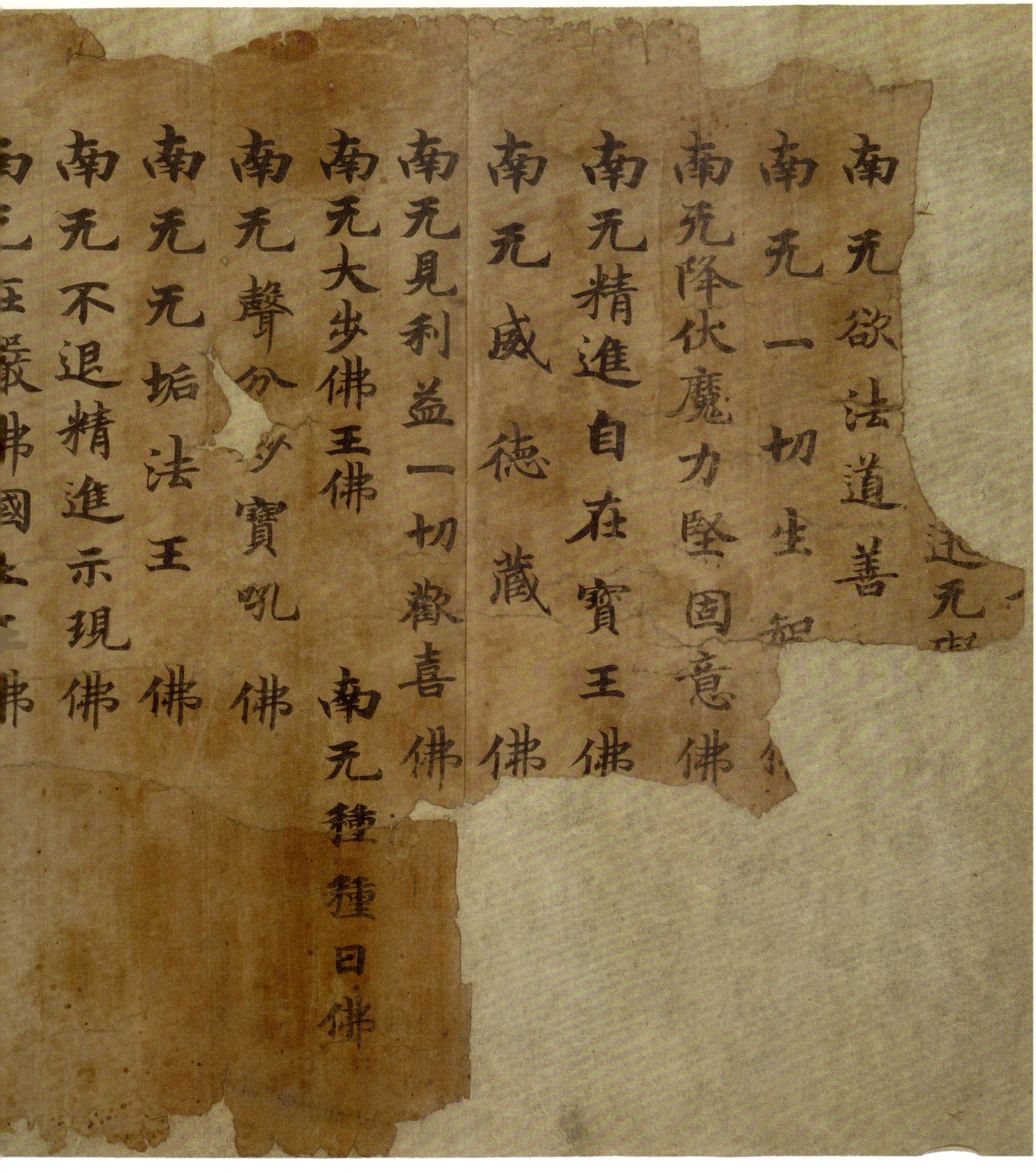
迷无
南无欲法道善
南无一切生知佛
南无降伏魔力堅固意佛
南无精進自在寶王佛
南无威德藏佛
南无見利益一切歡喜佛
南无大步佛王佛　南无種種日佛
南无聲分分寶吼佛
南无无垢法王佛
南无不退精進示現佛
南无王嚴佛國土□佛

南无智相本華佛
南无不稱涅槃佛
南无一切龍摩尼藏佛
南无樂法自在佛
南无得法相自在佛
南无无邊寶功德藏佛
南无清淨華山佛
南无大法王拘摩滕佛
南无一切盡不盡藏佛
南无華弥留善佛
南无虛空智山佛
南无智力王佛
南无无礙聲智佛
南无无邊佛聲藏佛
南无智王不盡稱佛

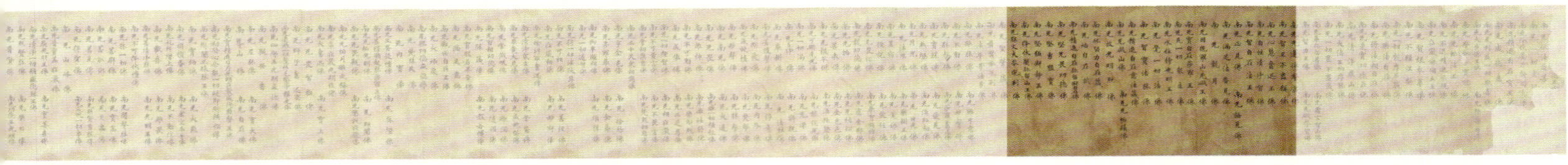

南无无邊佛聲嚴佛
南无智王不盡稱佛
南无心慧奮迅王佛
南无自性清淨智佛
南无智自在法王佛
南无正見佛　南无語見佛
南无滿足法香見佛
南无龍月佛
南无因陁羅山无礙王佛
南无寶自在莎羅王佛
南无見一切衆生佛
南无水住持光明王佛
南无覺一切去佛

南无智寶法勝佛
南无精進自在意法藏佛
南无无礙山佛　南无无垢鬚佛
南无放光明照佛
南无弥留力自在藏佛
南无焰自在誠佛
南无精進自在弥留寂自在佛
南无堅无畏功德佛
南无堅勇猛寶佛
南无堅猛寂靜王佛
南无降伏闇弥留山王佛
南无勝丈夫芬陁利佛

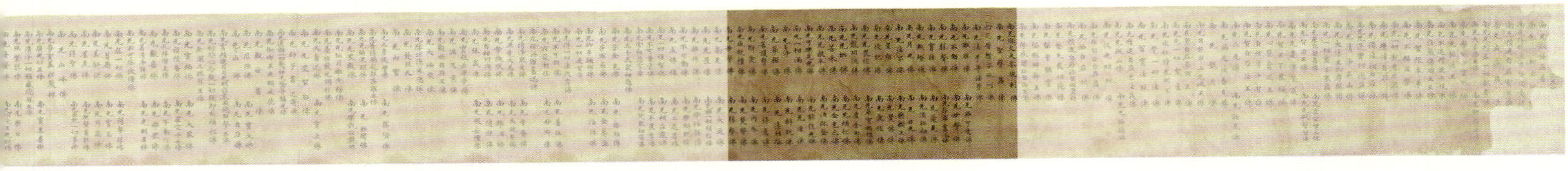

南无勝丈夫芬陁利佛
南无聖聲藏佛
南无普賢芬陁利佛
南无法平等法身佛
南无難勝佛
南无不動佛
南无勝聲佛
南无寶勝佛
南无然燈佛
南无月光佛
南无法界佛
南无星宿佛
[illegible]佛

南无難可意佛
南无妙聲佛
南无莎羅奮迅佛
南无愛見佛
南无須弥劫佛
南无日光佛
南无藥樹王佛
南无覺佛
南[illegible]佛

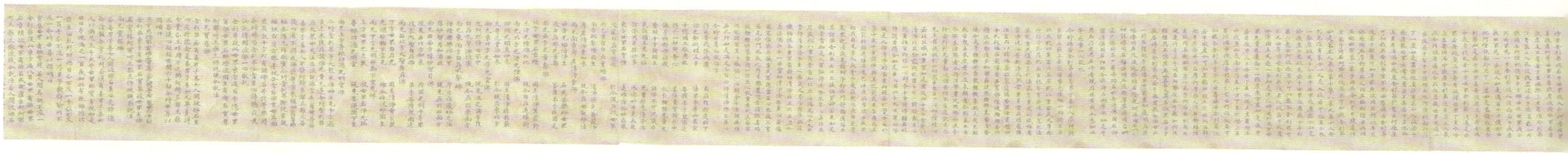

南无无畏作佛
南无龍功德佛
南无无垢佛
南无善来佛
南无无根本佛
南无可樂見光佛
南无一切濁佛
南无善淨佛
南无華樹佛
南无善護聲佛
南无斷愛佛
南无成就幢佛
南无妙聲佛

南无[illegible][illegible]放[illegible]佛
南无盧舍那佛
南无无煩惱佛
南无金色色佛
南无須弥登佛
南无能作光佛
南无无深佛
南无解脫佛
南无法性佛
南无得意佛
南无内外佛
南无梵聲佛
南无勝聲佛

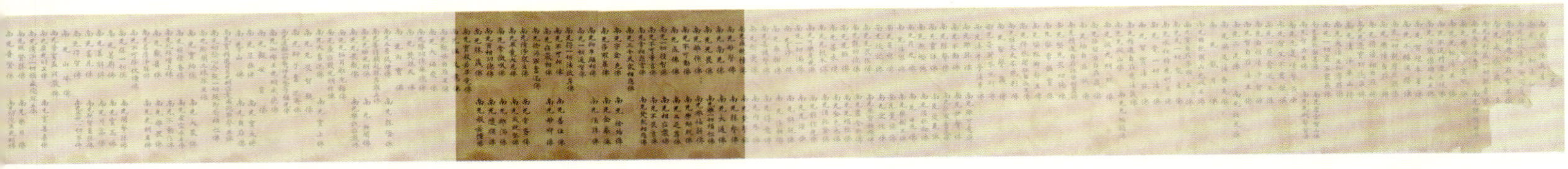

南无成就幢佛
南无妙聲佛
南无南无佛
南无无畏佛
南无離怖佛　七千
南无不可動佛
南无成佛
南无一切種智佛
南无不可量言佛
南无常相應言佛
南无三十天衆相應佛
南无字金色佛
[illegible]羅塞佛

南无[illegible]聲佛
南无勝聲佛
南无大通佛
南无離一切煩惱佛
南无離怯弱佛
南无樂解脫佛
南无二足尊佛
南无相莊嚴佛
南无不畏言佛
南无梵衆相應佛
南无捨結佛
南无金華佛

南无拍手頭相佛
南无一切通智佛
南无得一切法彼岸佛
南无不可相佛
南无莊嚴相佛
南无捨浮羅奮迅佛
南无清淨衆生佛
南无畢竟大悲佛
南无常微咲佛
南无百相功德佛
南无勝藏佛
南无寶般若畢竟佛
南无滿足意佛

南无[illegible][illegible]佛
南无善住佛
南无妙寂佛
南无常香佛
南无成就堅佛
南无離濁佛
南无隨順佛
南无般若幢佛

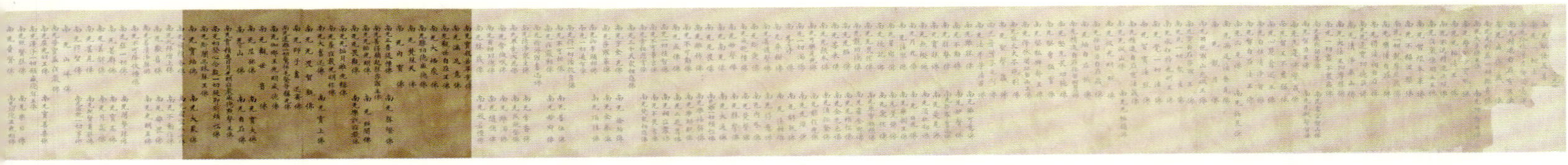

南无寶般若畢竟佛

南无滿足意佛

南无觀世自在王佛

南无大焰聚佛

南无勝功德威德佛

南无梵勝天佛

南无内寶佛

南无三菩提幢佛

南无勝燈佛

南无善擇願起勝莎羅王佛

南无无垢光明佛

南无照闇佛

南无无畏觀佛

南无樂說莊嚴佛

南无无垢月離兜彌佛

南无[illegible]莊嚴光明王佛

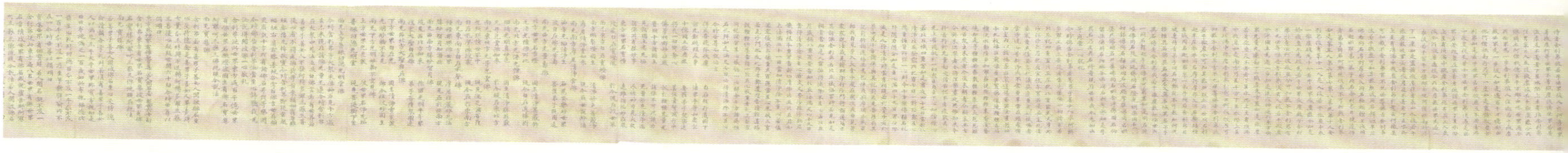

南无大奮迅佛　南无寶上佛
南无无畏智觀佛
南无師子奮迅齊佛
南无遠離一切驚怖毛豎等稱光佛
南无伽耶王光明威德佛
南无觀世音佛
南无尼弥佛　南无寶火佛
南无寶山佛　南无自在佛
南无寶精進日月光明莊嚴威德黠聲王佛
南无初發心念觀一切疑即斷煩惱佛
南无斷闇三昧勝王佛
南无寶焰佛　南无大衆佛
南无須靈香佛　南无虛空平等佛

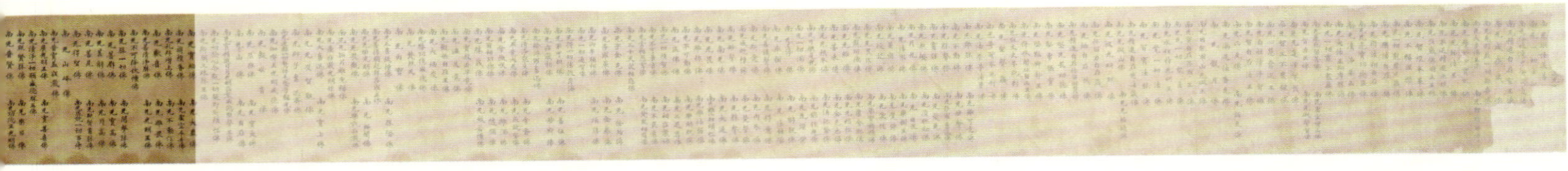

南无寶焰佛
南无旃檀香佛
南无礼拜增上佛
南无歡喜佛
南无善清淨勝佛
南无不可降伏幢佛
南无勝一切佛
南无善辟佛
南无善解佛
南无善見佛
南无得聖佛
南无山峰佛
南无普雲[illegible]王殿佛

南无大衆佛
南无虛空平等佛
南无不動作佛
南无離畏佛
南无光明王佛
南无聞聲勝佛
南无寶高佛
南无月高佛
南无照賢首勝佛
南无成就一切事佛

南无廣光明王佛　南无寶善喜佛
南无清淨一切顧威德勝王佛
南无照賢勝佛　南无樂日佛
南无普賢佛　南无功德王光明佛
南无普光明佛　南无普香佛
南无善清淨佛
舍利弗舉要言之現在諸佛說不可盡舍利
弗辟如東方恒河沙世界南方恒河沙世界
西方恒河沙世界北方恒河沙世界上下四
維恒河沙世界彼一切世界下至水際上至
有頂滿中微塵舍利弗於意云何彼如是微
塵可知數不舍利弗言不世世尊佛告舍利
弗如是同名釋迦牟尼佛現在世者我現前

BD00459　佛名經（异卷）卷八

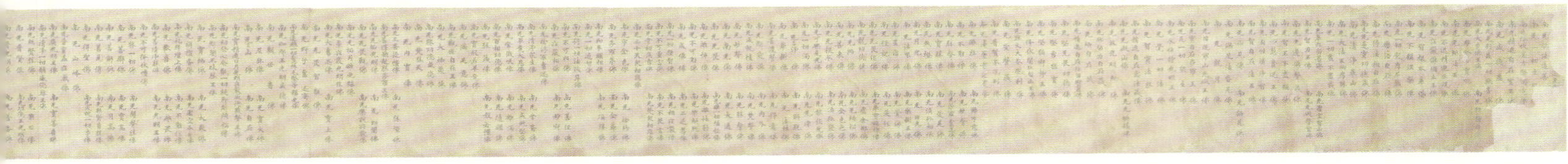

有頂滿中微塵舍利弗於意云何如是微
塵可知數不舍利弗言不也世尊佛告舍利
弗如是同名釋迦牟尼佛現在世者我現前
見彼諸佛母同名摩訶摩耶父同名輸頭檀
王城同名迦毗羅彼諸佛第一聲聞弟子同
名舍利弗目揵連侍者弟子同名阿難何況
種種異名母異名父異名城異名弟子異名
侍者舍利弗彼若干世界彼人於何等世界
著微塵何等世界不著微塵彼諸世界若著
微塵及不著者下至水際上至有頂舍利弗
復有第二人取彼微塵彼若干微塵數尒所
佛國土阿僧祇億百千万那由他世界過尒
所世界爲一步舍利弗彼人復過若干微塵

數世界為一步彼人如是過百千億那由
他阿僧祇劫行乃下一塵如是盡諸微塵舍
利弗如是若干世界若著微塵及不著者滿
中微塵復更著十方世界舍利弗復過是世
界若著微塵及不著者彼諸世界下至水際
上至有頂滿中微塵舍利弗復有第三人聚
彼尒所微塵過彼尒所微塵數世界為過一
步彼若干百千万億那由他阿僧祇劫行乃
下一塵如是盡諸微塵復有第四人彼若干
微塵數世界若著微塵及不著者下至水際
上至有頂滿中微塵舍利弗於意云何微塵
可知數不舍利弗言不也世尊佛告舍利弗
彼若干微塵可知其數然彼同名釋迦牟尼

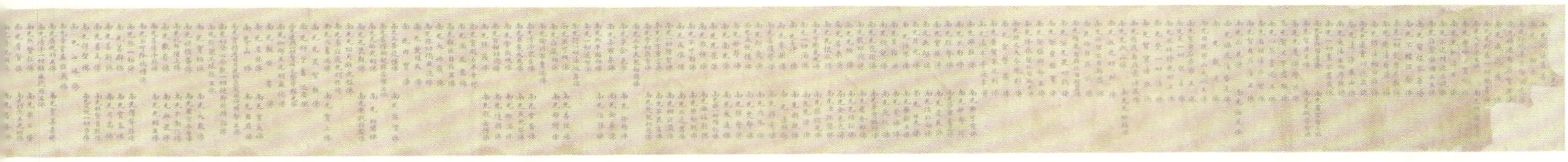

上至有頂滿中微塵舍利弗於意云何彼微塵
可知數不舍利弗言不也世尊佛告舍利弗
彼若干微塵可知其數然彼同名釋迦牟尼
佛母同名摩訶摩耶父同名輪頭檀王城同
名迦毗羅第一弟子同名舍利弗目揵連侍
者弟子同名阿難陁彼佛不可知數舍利弗
如是第五人第六第七第八第九第十人舍
利弗復有第十一人是人彼若干微塵中取
一微塵破為十分若干世界微塵數分如是
餘微塵亦悉破為若干世界微塵數分舍利
弗於意云何彼微塵分可知數不舍利弗言
不也世尊佛告舍利弗復有人彼若干微塵
入佛國土為過一步如是速疾神通行東方世

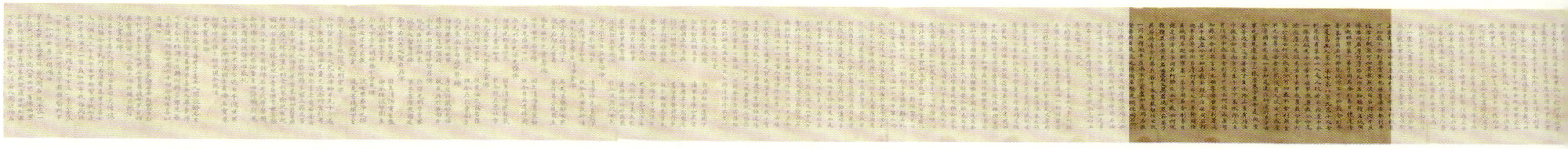

數无量无邊劫下一微塵東方盡如是微塵
若著微塵及不著者下至水際上至有頂滿
中微塵如是南方乃至十方下至水際上至
有頂滿中微塵舍利弗於意云何彼微塵可
知數不舍利弗言不也世尊佛告舍利弗彼
若干微塵分可知其數然現今在世同名釋
迦牟尼佛母同名摩訶摩耶父同名輸頭檀
王城同名迦毗羅第一弟子同名舍利弗目
揵連侍者弟子同名阿難隨不可數知何況
種種異名佛異名母異名父異名城異名弟子
異名侍者舍利弗我若干微塵數劫任世說
一同名釋迦牟尼佛不可窮盡如是同名然
登佛同名提波延佛同名燈光明佛同名一 七十 一百

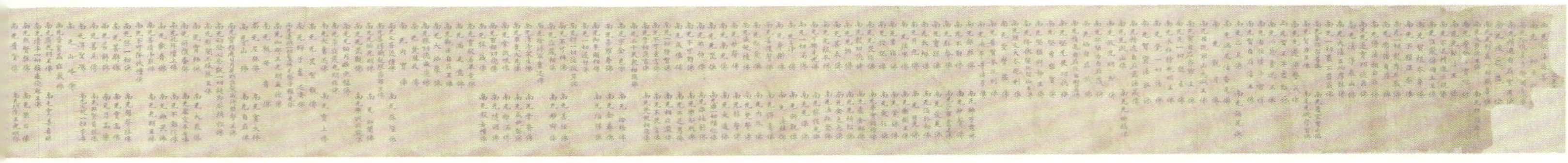

一同名燈迹王佛同名寶[illegible]
燈佛同名提波延佛同名燈光明佛同名一 七十 一百
切勝佛同名稱佛同名波頭摩勝佛同名毗
婆尸佛同名尸棄佛同名毗舍浮佛同名拘
留孫佛同名拘那含佛同名迦葉佛如是等
異名乃至異名侍者現在世者我今悉知汝
等應當一心敬礼
尒時佛告舍利弗若善男子善女人求阿耨
多羅三藐三菩提者當先懺悔一切諸罪若
比丘犯四重罪比丘尼犯八重罪式叉摩那
沙弥沙弥尼犯出家根本罪若優婆塞犯優
婆塞重式優婆夷犯優婆夷重式欲懺悔者
當淨洗浴著新淨衣不食葷辛當在清淨處脩

治室內以諸幡華莊嚴道場香泥塗地懸四
十九枚幡莊嚴佛坐安置佛像燒種種香旃
檀沈水勳陸多伽羅蘇捷陁種種末香塗香
燒如是等種種妙香散種種華興大慈悲願
救苦衆生未度者令度未解者令解未安者
令安未涅槃者令得涅槃晝夜思惟如來本
行苦行於无量刧受諸苦惱不生疲猒為求
无上菩提故於一切衆生自生下心如僮僕心
若比丘懺四重罪如是晝夜四十九日當對八
清淨比丘發露所犯罪七日一對發露至心
慇重悔昔所作一心歸命十方諸佛稱名礼
拜隨力隨分如是至心滿四十九日罪必除
滅是人得清淨時當有相現若於覺中若於

拜隨力隨分如是至心滿四十九日當除
滅是人得清淨時當有相現若於覺中若於
夢中見十方諸佛與其記莂或見菩薩與其
記莂將詣道場共為己伴或與摩頂示滅罪
相或自見身入大會中處在衆次或自見身
處衆說法或見諸師淨行沙門將詣道場示
其諸佛舍利弗若比丘懺悔罪時若見如是
相者當知是人罪垢得滅除不至心若比丘
尼懺悔八重罪者當如比丘法滿足四十九日
當得清淨除不至心若式叉摩沙弥沙弥尼
懺悔根本重罪當對四清淨比丘比丘尼如
上法滿二十一日當知清淨除不至心若優
婆塞優婆夷懺重戒罪應當至心恭敬三寶

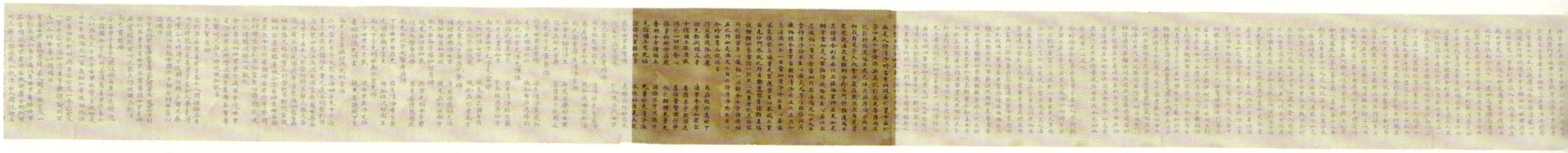

若見沙門来欲礼拜生莫還想當詣道場
設種種供養當請一比丘心敬重者就其發露
所犯諸罪至心懺悔一心歸命十方諸佛稱
名礼拜如是滿足七日必得清淨除不至心
尒時世尊而說偈言
得成菩提降伏魔　自在經行道樹下
證无鄣礙眼及身　法界平等如虛空
十億國土微塵數　菩薩弟子衆圍遶
得於一切寂靜心　善任普賢諸行中
佛身相好妙莊嚴　放於種種无量光
普照十方諸國土　諸佛不可思議力
見諸國土悉无垢　无量妙色清淨滿
諸佛所有勝妙事　承佛神力見大衆

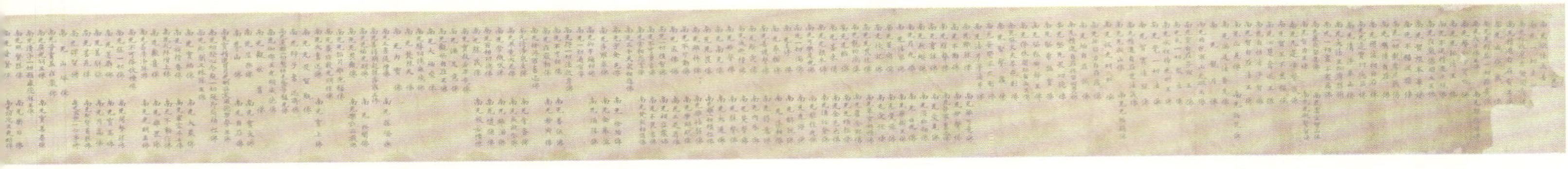

是諸比丘道場　无量妙色清淨潔
諸佛所有勝妙事　承佛神力見大衆
東方世界名寶幢　遠離諸垢妙莊嚴
彼處自在寶燈佛　於今現在彼世界
南无東方自在寶燈佛
南方頗梨燈國土　清淨妙色普嚴淨
摩尼清淨雲如來　現今在世說妙法
南无南方摩尼清淨雲佛
西方无垢清淨土　名爲安樂妙世界
彼自在佛无量壽　菩薩弟子現圍遶
南无西方无量壽佛
北方世界名香燈　國土清淨甚嚴飾
无染光幢佛所化　現今自在道場樹
南无北方无染幢佛

現現光明真妙色　國土清淨勝莊嚴
无㝵光雲佛如来　於今現在東北方
南无東北方无㝵光雲佛
光照照幢世界中　現見滿足諸菩薩
自在吼聲佛彼處　現今在於東南方
南无東南方自在吼聲佛
種種樂樂佛世界　摩尼莊嚴妙无垢
勝妙智月如須弥　現見在於西南方
南无西南方勝妙智月佛
現見西北方如来　弥留光明平等界
彼處大聖自在佛　弟子菩薩衆圍遶
南无西北方大聖自在佛
下方世界自在光　國土清淨寶炎藏
光明妙輪不空見　佛今住彼妙國土

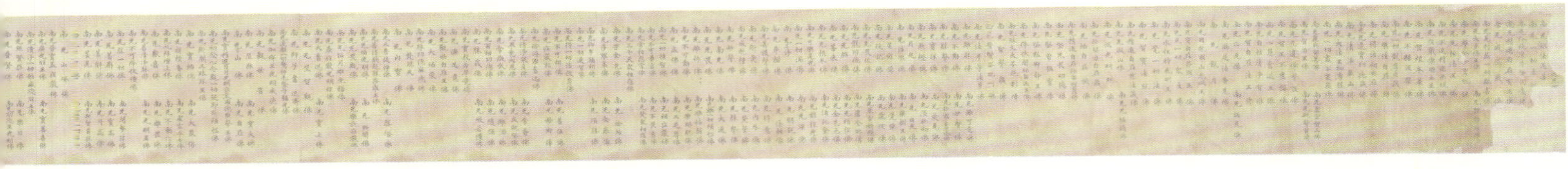

光明妙輪不空見　佛今住彼妙國土
南无下方光明妙輪不空見佛
上方世界光炎藏　彼世界名淨无垢
普眼切德光明雲　現見菩提樹下坐
南无上方普眼切德光明雲佛
尒時舍利弗等大衆承佛神力見十方過
去未來現在諸佛无量无邊尒時舍利弗
在大衆中悲泣流淚白佛言希有世尊若
善男子善女人不發阿耨多羅三藐三菩
提心者不得成佛我等昔來猶如腐草雖
經春陽无悕秋實尒時舍利弗即從坐起
褊袒右肩右膝著地合掌白佛言世尊頗
更廣說十方所有諸佛名号我等樂聞

爾時佛告舍利弗汝當至心諦聽我為
汝說得聞彼佛一心敬礼
舍利弗從此世界東方過百千億世界
有佛世界名燃燈彼國土有佛名寶集
阿羅呵三藐三佛陁現今說法
南无寶集佛
舍利弗若有善男子善女人聞彼佛名至
心受持憶念是善男子善女人畢竟得
七覺分三昧得不退轉向耨多羅三藐
三菩提心超越世間六十劫尒時世尊以
偈頌曰
東方然燈界　有佛名寶集　若人聞名者　超世六十劫
舍利弗東方有世界名寶集彼世界有佛
名寶勝阿羅呵三藐三佛陁現在說法

名寶勝阿羅呵三藐三佛陁現在說法
南无寶勝佛
若善男子善女人聞彼佛名至心受持憶
念讀誦合掌礼拜若復有善男子善女
人以滿足三千大千世界珎寶布施如是
日日布施滿足一百歲如此布施福德比
前至心礼拜功德百分不及一千分不及
一百千分不及一乃至筭數譬喻所不
及一尒時世尊以偈頌曰
寶集世界 有佛寶勝 若人聞名 施不及一
舍利弗從此東方過八百世界有佛世界
名香積彼世界有佛名成就盧舍那阿羅
呵三藐三佛陁現今說法若人聞彼佛名

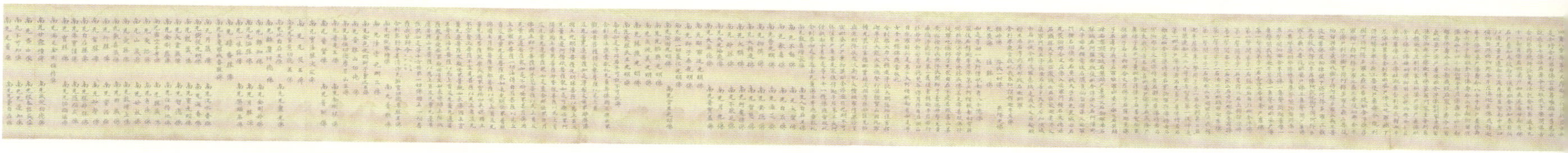

受持讀誦憶念礼拜超越世間五百劫
南无成就盧舍那佛
舍利弗從此世界東方過千世界名樹提
䟦提彼世界有佛名盧舍那鏡像阿羅
訶三藐三佛陁現今說法善男子善女人
聞彼佛名受持讀誦至心憶念恭敬礼
拜得脫三趣
南无盧舍那鏡像佛　七千三百
舍利弗從此東方過二千世界有國主名
无量光明功德彼有佛名盧舍那光明阿
羅訶三藐三佛陁若善男子善女人聞
彼佛名五體投地深心敬重受持讀誦
恭敬礼拜是人超越世間卅劫
南无盧舍那光明佛

恭敬礼拜是人超越世間卌劫
南无盧舍那光明佛
舍利弗東方過千世界有佛國土名可樂
彼佛名不動應供正遍知若善男子善女
人聞彼佛名受持讀誦恭敬礼拜是人
畢竟不退阿耨多羅三藐三菩提一切諸
魔所不能動
南无不動佛
舍利弗東方過千世界有佛國土名不可
量彼處有佛名光明阿羅訶三藐三佛
陁現今說法若善男子善女人聞彼光明
佛名受持讀誦恭敬礼拜是人常不離
一切諸佛菩薩畢竟得不退轉阿耨多

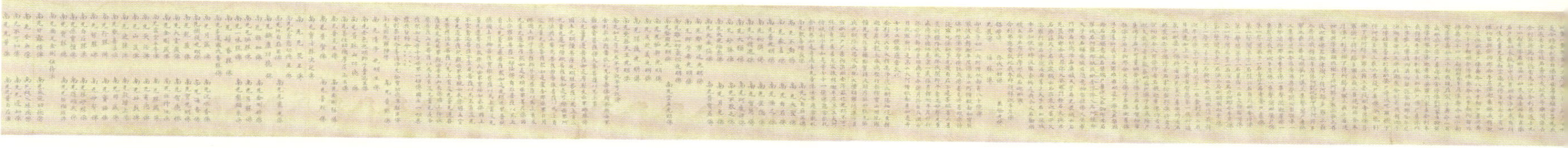

羅三藐三菩提心

南无大光明佛

舍利弗從此世界東方過六十千世界有

國土名然燈佛名不可量聲阿羅訶三藐

三佛陁現在說法若善男子善女人聞彼

不可量聲名三稱者是人畢竟不墮三惡

道定心阿耨多羅三藐三菩提

南无无量聲如来

舍利弗復過彼世界度千國土有世界名

无塵彼有佛名阿彌陁劫沙阿羅訶三

藐三佛陁現今說法若善男子善女人聞

彼佛名深心敬重受持讀誦恭敬礼拜

是人超越世間十二劫

南无阿彌陁劫沙佛

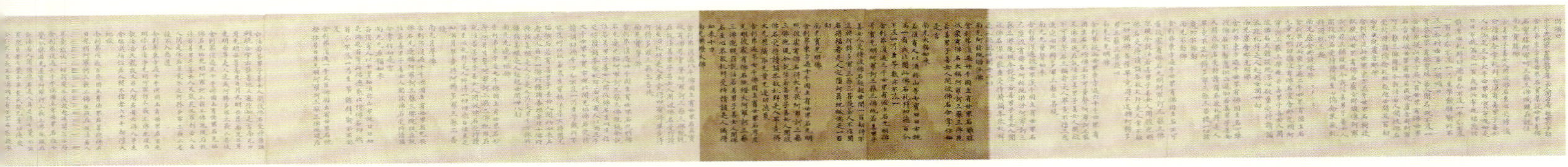

是人[illegible]
南无阿弥陁劫沙佛
舍利弗復過廿千國土有世界名難勝
彼處有佛名大稱阿羅訶三藐三佛陁
若善男子善女人聞彼佛名合掌作如
是言
南无大稱如来
若復有人以須弥山等七寶日日布施
滿一百歲比聞此佛名礼拜功德百分
不及一乃至筭數亦不及一
舍利弗復過三千世界有國土名光明佛
号寶光明阿羅訶三藐三佛陁若善男子
善女人受持彼佛名超越世間一百劫得不
退轉阿耨多羅三藐三菩提若人不言聞

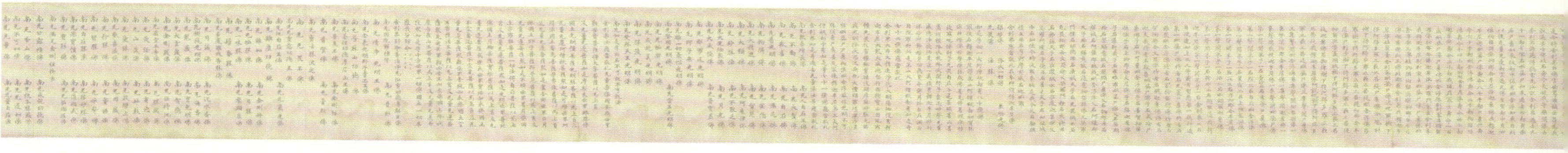

名得福者是人定墮阿鼻地獄滿足一百
劫
南无寶光明佛
舍利弗東方過十千國土有世界名光明
照彼處有佛名得大无畏阿羅訶三藐
三佛陁現今說法若善男子善女人聞彼
佛名受持讀誦恭敬礼拜是人畢竟得
大无畏攝取无量无邊功德聚
舍利弗過第七千佛國土有世界名摩尼
光明彼處有佛名燃燈火阿羅訶三藐
三佛陁現在說法若善男子善女人聞佛
名至心恭敬礼拜受持讀誦是人攝得
如來十力
南无然燈火佛

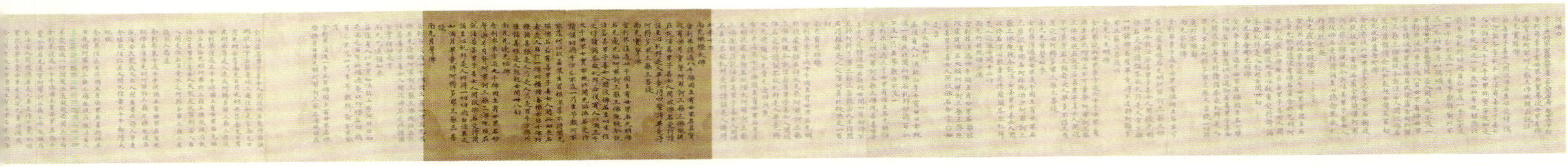

如来十
南无燃燈火佛
舍利弗復過八千佛國土有世界名真寶
彼有佛号寶聲阿羅訶三藐三佛陁現
在說法善男子善女人聞彼佛名受持讀
誦至心礼拜是人畢竟得四聖諦畢竟得
阿耨多羅三藐三菩提
南无寶聲佛
舍利弗復過廿千國土有世界名光明佛
名无邊无垢阿羅訶三藐三佛陁現今說
法若善男子善女人聞彼佛名至心生信
受持讀誦恭敬礼拜若復有人以滿三千
大千世界七寶布施比聞无垢佛名受持
讀誦功德千万分不及一乃至筭數所不

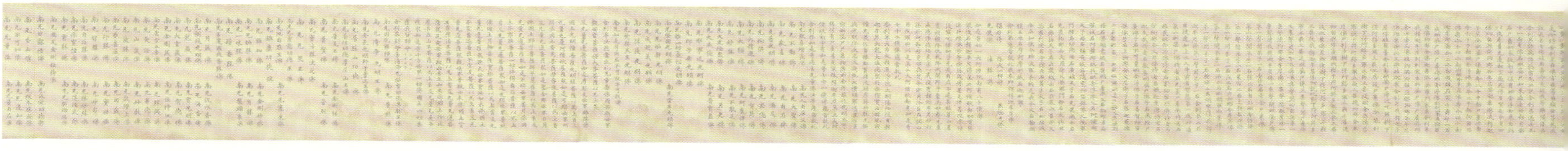

能及何以故若衆生罪根深厚不得聞无
垢佛名若有善男子善女人聞此如来名
者是人非於一佛所種諸善根亦非十佛所
種諸善根是人乃是人乃是百千万佛所
種諸善根是人超越世間卌八劫
南无无邊无垢佛
舍利弗東方過九千佛國土有世界名妙
聲佛号月聲阿羅訶三藐三佛陁現在
説法若善男子善女人聞彼佛名受持讀
誦至心礼拜是人所得一切功德白法具足
如滿月畢竟得阿耨多羅三藐三菩
提
南无月聲佛
舍利弗復過十千佛國土有世界名无畏

南无月聲佛
舍利弗復過十千佛國土有世界名无畏
佛名无邊稱阿羅訶三藐三佛陁現在說
法若善男子善女人聞彼佛名受持讀誦
合掌作如是言
南无无邊稱如来
若復有人以七寶如須弥山布施日日如
是滿足百年此福德聚比持佛名功德
百分不及一乃至筭數譬喻不不能
及
舍利弗復過一千五百佛國土有世界名燃
燈佛号日月光明阿羅訶三藐三佛陁現在

説法若善男子善女人聞彼佛名受持讀誦
䠒跪合掌右膝著地三遍作如是言南无日
月光明世尊南无日月光明世尊南无日月
光明世尊是人速成阿耨多羅三藐三菩提
舍利弗復過三十千佛國土有世界名无垢
佛名无垢光明阿羅訶三藐三佛陁現在説
法若善男子善女人天龍夜叉羅刹若人非
人聞是佛名畢竟不退阿耨多羅三藐三菩
提不入惡道
舍利弗東方過十千佛國土有世界名百光

提不入惡道
舍利弗東方過十千佛國土有世界名百光
明佛名清淨光明阿羅訶三藐三佛陁現在
説法若天龍夜叉非人聞名者必得人身遠
貪瞋癡煩惱若人聞不信者六十千劫墮大
地獄
舍利弗復過百佛國土有世界名善徳佛名
日光明阿羅訶三藐三佛陁現在説法若人
畢竟清淨心稱佛名所得功徳滿足如日輪
畢竟能伏一切諸魔外道超越世間三十劫
舍利弗復過六十千佛國土有世界名住七
覺分佛名无邊寶阿羅訶三藐三佛陁現在
説法若人聞彼佛名是人具足得七覺分張

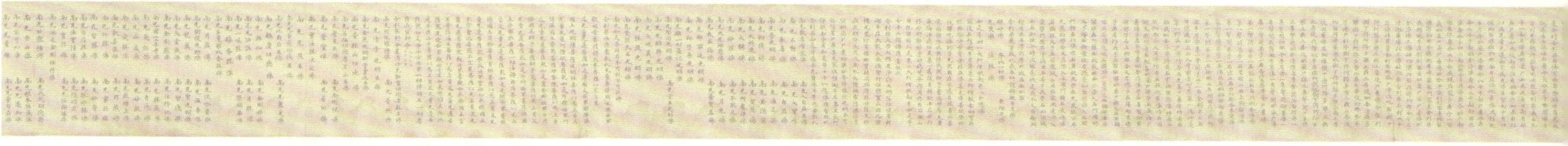

置衆生著七覺中畢竟成就无量功德聚
舍利弗復過五百佛國土有世界名華鏡像
佛名華勝阿羅訶三藐三佛陁現在說法若
人聞彼佛名信心敬重彼人一切善法成就
如華敷超越世間五十五劫
舍利弗復過百千億佛國土有世界名遠離
一切憂惱佛名妙身阿羅訶三藐三佛陁現
在說法若人聞彼佛名至心敬重礼拜供養
是人畢竟遠離一切諸鄣不入惡道超越世
間无量劫
舍利弗若比丘比丘尼優婆塞優婆夷欲懺
悔諸罪當淨洗浴著新淨衣淨治室內敷高
坐安置佛像懸廿五枚幡種種華香供養誦

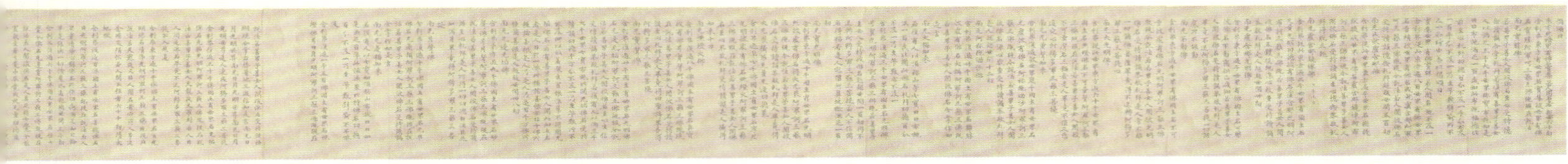

怙詐罪當……
坐安置佛像懸廿五枚幡種種華香供養誦
此二十五佛名日夜六時懺悔滿廿五日滅
四重八重等罪式叉摩那沙弥沙弥尼亦如
是尒時舍利弗白佛言世尊唯願世尊為我
說過去七佛姓名壽命長短我等樂聞佛告
舍利弗諦聽諦聽當為汝說舍利弗過去九
十一劫有佛名毗婆尸如来過去卅劫有佛
名尸棄如来彼劫中復有毗舍浮如来自此
以後无量无邊劫空過无佛至賢劫中有四
佛拘留孫佛拘那含牟尼佛迦葉佛我釋迦
牟尼佛毗婆尸佛壽命八十千劫尸棄佛壽
命六十千劫毗舍浮佛壽命一千劫拘留孫

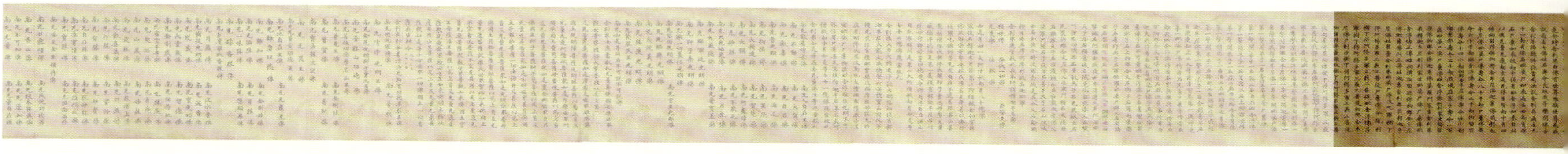

佛壽命[illegible]小劫拘那含[illegible]佛壽命[illegible]小劫
迦葉佛壽命二小劫我現在最少壽命一百
歲毗婆尸佛尸棄佛毗舍浮佛刹利家生拘留
孫佛拘那含佛迦葉佛婆羅門家生舍利弗
我釋迦牟尼刹利家生毗婆尸佛尸棄佛毗
舍浮佛三佛姓拘隣拘留孫佛拘那含牟尼
佛迦葉佛此三佛姓迦葉舍利弗我釋迦牟
尼佛姓瞿曇舍利弗毗婆尸佛波吒羅樹下
得阿耨多羅三藐三菩提尸棄佛分陁利
樹下得阿耨多羅三藐三菩提毗舍浮佛莎
羅樹下得阿耨多羅三藐三菩提拘那含牟
尼佛尸利沙樹下得阿耨多羅三藐三菩提
拘留孫佛憂頭跋樹下得阿耨多羅三藐三菩

居佛尸利沙樹下得阿耨多羅三藐三菩
拘留孫佛憂頭跋樹下得阿耨多羅三藐三菩
提迦葉佛尼拘律樹下得阿耨多羅三藐
三菩提我釋迦牟尼佛阿說他樹下得阿耨多
羅三藐三菩提毗婆尸佛三集聲聞尸棄佛
三集聲聞毗舍浮佛再集聲聞拘留孫佛一
集聲聞拘那含牟尼佛一集聲聞迦葉佛一
集聲聞我釋迦牟尼佛一集聲聞毗婆尸佛
第一聲聞弟子一名吉沙二名耆荼尸棄佛
第一聲聞弟子一名勝二名自在毗舍浮佛
第一聲聞弟子一名星宿二名上拘留孫佛
第一聲聞弟子一名疾二名力拘那含牟尼佛
第一聲聞弟子一名舌二名毗頭羅迦葉佛

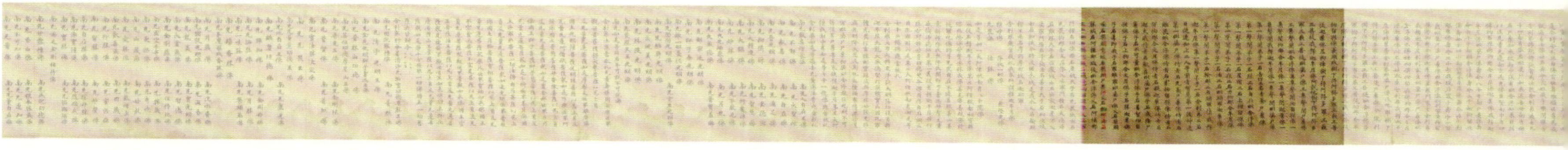

第一聲聞弟子一名輪那二名[illegible]
迦牟尼佛第一聲聞弟子一名舍利弗二名
目揵連如上二人等前者智慧第一後神通
第一毗婆尸佛侍者名无憂尸棄佛侍者名
離畏毗舍浮佛侍者名寂拘留孫佛侍者名
智拘那含文尼佛侍者名親迦葉佛侍者名
迦夫我侍者名歡喜毗婆尸佛子名成陰尸
棄佛子名不可量毗舍浮佛子名善智拘留
孫佛子名上拘那含文尼佛子名勝迦葉佛
子名導師我子名羅睺羅毗婆尸佛父名槃頭
母名槃頭意城名槃頭尸棄佛父名鉤那母名
勝城名阿樓那跋提毗舍浮佛父名阿樓那
天子母名稱意城名遺意拘留孫佛父婆羅

滕城名阿樓那跋提毗舍浮佛父名阿樓那
天子母名稱意城名隨意拘留孫佛父婆羅
門種名切德母名廣被天子名无畏城亦名
无畏拘那含文尼佛父婆羅門種名火德母
名難滕天子名莊嚴城亦名莊嚴迦葉佛父
婆羅門種名淨德母名善才天子名知使城
亦名知使令時波羅柰城是我今父名輸頭
檀王母名摩訶摩耶城名迦毗羅
舍利弗應當敬礼我本師謂釋迦牟尼佛
稱妙佛　降伏一切佛　然燈光佛
无畏佛　法滕佛
如是等初一大阿僧祇劫有八十億佛
次後如釋迦牟尼佛第二阿僧祇劫初寶勝

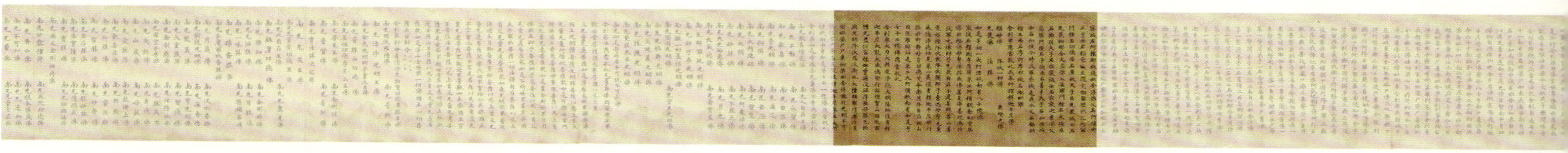

佛然燈佛妙聲佛月面佛善見佛三目佛持
提羅吒佛師子无畏自在不違善眼善山善
意旃檀降伏熱降伏闇師子奮迅妙聲无量
威德淨德焰見第一義復有釋迦牟尼妙行
勝妙寂靜妙身功德梵命佛月降自在調山
目陁羅尉山是第二大阿僧祇劫有如是等
七十二億佛應當敬礼
舍利弗大力大精進淨德大明陽焰復有釋
迦牟尼大龍大威德堅行旃檀寶山因陁羅
幢无畏作富樓那寶髻波頭摩勝妙勝无垢
與光明降伏怨波斯他大幢煩羅墮畢沙星
宿毗婆尸尸棄拘隣毗舍浮能作光明不可
勝須[illegible][illegible]集善見最後釋迦牟尼第三大阿

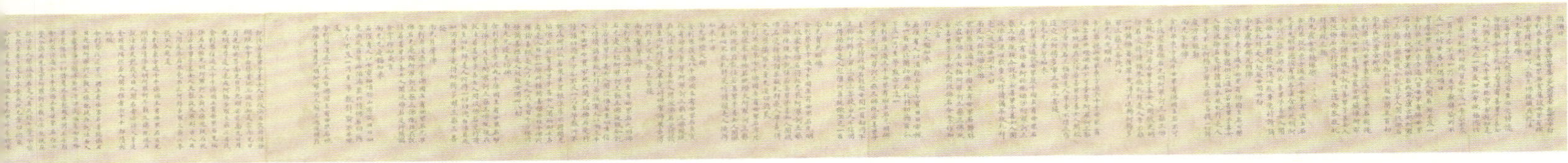

宿毗婆尸尸棄拘隣毗舍浮能作光明不可
勝復有尸棄善見冣後釋迦牟尼弟三大阿
僧祇劫中有如是等七十一億佛應當敬礼
舍利弗如是等過去无量佛汝等應當敬礼
南无歡喜增長佛　　南无人自在王佛
南无不動佛　　南无大聖佛
南无歡喜佛　　南无自在佛
南无普光明佛　　南无滿足佛
南无拘隣佛　　南无安隱佛
南无大精進佛　　南无智慧佛
南无大稱佛　　南无阿㝹律佛
南无妙勝佛　　南无不猒足佛
南无大光白衆佛　　南无月光佛

南无大威德佛　南无普寶蓋佛
南无那羅延光明佛
南无師子乘光明佛
南无離一切憂惱光明佛
南无堅固光明佛　南无雲王光明佛
南无无垢辟光明佛
南无成就義光明佛
南无勝護光明佛
南无梵勝天王光明佛
南无如是等同名不可説不可説佛
舍利弗汝應當敬礼无量壽佛國安樂世界
觀世音菩薩得大勢菩薩以為上首
及无量无邊菩薩如是摩梨支世界難勝佛

舍利弗汝[illegible]
觀世音菩薩得大勢菩薩以爲上首
及无量无邊菩薩如是摩梨支世界難勝佛
國土光明幢菩薩光明勝菩薩以爲上首及
无量无邊阿僧祇菩薩衆如是可樂世界阿
閦佛國土香象菩薩妙香像菩薩以爲上首
及无量无邊菩薩衆如是盧舍那世界日月
佛國土師子菩薩師子慧菩薩以爲上首及
无量无邊菩薩衆如是不瞬世界善月佛國
土娑羅胎菩薩一切法得自在菩薩以爲上
首及无量无邊菩薩衆如是光明世界普照
佛國土月輪菩薩寶炬菩薩以爲上首及无
量无邊菩薩衆如是樂成世界寶面如來佛國土

不空奮迅菩薩不空見菩薩以為上首及无
量无邊菩薩衆觀世界普觀如来佛國土雲
王菩薩法王菩薩以為上首及无量无邊菩
薩衆見愛世界觀世音王如来佛國土降伏
魔菩薩山王菩薩以為上首及无量无邊菩
薩衆如是等十方世界一切佛國土一切菩
薩我皆歸命　從此已上七千二百
舍利弗歸命善清淨无垢寶功德集勝王佛
南无因陁羅幢佛　　南无普照佛
南无清淨光明王佛
南无金色光明師子奮迅王佛
南无普勝山功德佛
南无善住功德摩尼山王佛

南无金色光明師子奮迅王佛
南无普勝山功德佛
南无善住功德摩尼山王佛
南无普見王佛
南无金剛勝佛
南无普賢佛
南无普照佛
南无寶法勝決定佛
南无无畏王佛
南无无量意功德王佛
南无地自在王佛
南无无盡光佛
南无離塵功德佛
南无難知佛
南无金剛妙佛
南无无垢勝佛
南无月勝佛
南无一[illegible]勝佛
南无槃頭華佛

南无[illegible]香[illegible]佛
南无多魔羅跋香勝佛
南无月藏佛
南无樹提光明佛
南无龍藏佛
南无大雲藏佛
南无金剛藏佛
南无虛空平等佛
南无実語佛
南无山藏佛
南无愛勝佛
南无歡喜藏佛
南无行勝佛

南无沉水香佛
南无海香佛
南无寶光明佛
南无智德佛
南无住持地佛
南无勝藏佛
南无有德佛
南无妙鼓佛
南无鼓增上佛
南无因藏佛
南无寶語佛

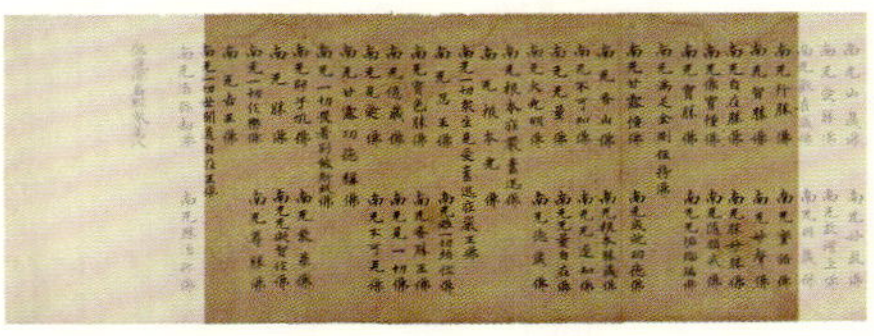

南无行勝佛
南无寶語佛
南无智勝佛
南无妙聲佛
南无自在勝佛
南无勝妙勝佛
南无佛寶幢佛
南无隨順式佛
南无寶勝佛
南无无垢瑠璃佛
南无滿足金剛住持佛
南无甘露幢佛
南无成就功德佛
南无香山佛
南无根本勝藏佛
南无不可知佛
南无无邊知佛
南无无量佛
南无无量自在佛
南无火光明佛
南无德藏佛

南无[illegible][illegible][illegible]佛

南无一切衆生見愛奮迅莊嚴王佛　南无離一切煩惱佛

南无忍王佛　南无香勝王佛

南无寶色勝佛　南无見一切佛

南无億藏佛　南无不可見佛

南无見愛佛

南无甘露功德稱佛

南无一切畏著別能斷疑佛

南无師子吼佛　南无散華佛

南无勝佛　南无无礙智作佛

南无一切作樂佛　南无尊勝佛

南无吉王佛

南无一切世間道自在王佛

南无一切世間道自在王佛

南无須弥劫佛　　南无勝須弥佛

佛說佛名經卷第八

BD00460-1　無量壽宗要經（甲本）

BD00460-2　無量壽宗要經（甲本）

336.5cm×31.5cm

……任横死……

為經卷受持讀誦若於宅舍所住之處以種種……

得延年滿足百歲如是曼殊若有衆生得聞

壽若有衆生大命將盡憶念是如来名号

命於是无量壽如来一百八名号有得聞

具足陁羅尼曰　　南謨

佐耶五　怛他羯他耶六　怛姪他唵七　薩婆桒恙迦羅八

婆毗輸底十三　摩訶娜耶十四　波唎婆䙖莎訶

士尊復告曼殊室利如是如来一百八名号……

年壽終此身後得往生无量福智世界无量壽淨土陁羅尼曰

南謨薄伽勃底一　阿波唎蜜哆二　阿喻紇硯娜三　須毗你恙指陁四　羅佐耶五　怛他羯他耶六　怛姪他唵七　薩婆桒

恙迦羅八　波唎輸底九　達磨底十　伽迦娜十一　莎訶某特伽底十二　薩婆婆毗輸底十三　摩訶娜耶十四　波唎婆䙖莎

訶十五　尒時有九十九姟佛等一時同聲說是无量壽宗要經陁羅尼曰

南謨薄伽勃底一　阿波唎蜜哆二　阿喻紇硯娜三　須毗你恙指陁羅佐耶五　怛他羯他耶六　怛姪他唵七　薩婆

桒恙迦羅八　波唎輸底九　達磨底十　伽迦娜十一　莎訶某特伽底十二　薩婆婆毗輸底十三　摩訶娜耶十四　波唎

波䙖莎訶十五　尒時復有一百四姟佛一時同聲說是无量壽宗要經陁羅尼曰

波唎婆嚟𪘨莎訶十五　尒時復有七姟佛一時同聲說是无量壽宗要經陁羅尼曰
南謨薄伽勃底一阿波唎蜜哆二阿喻紇硯娜三須毗你悉指陀四囉佐耶五怛他羯他耶六怛姪他唵七薩婆桑
悉迦囉八波唎輸底九達磨底十伽伽娜十一莎訶某特伽底十二薩婆婆毗輸底十三摩訶娜耶十四波唎婆
嚟𪘨莎訶十五　尒時復有六十五姟佛一時同聲說是无量壽宗要經陁羅尼曰
南謨薄伽勃底一阿波唎蜜哆二阿喻紇硯娜三須毗你悉指陀四囉佐耶五怛他羯他耶六怛姪他唵七
薩婆桑悉迦囉八波唎輸底九達磨底十伽伽娜十一莎訶某特伽底十二薩婆婆毗輸底十三摩訶娜耶十四
波唎婆嚟𪘨莎訶十五　尒時復有五十五姟佛一時同說是无量壽宗要經陁羅尼曰
南謨薄伽勃底一阿波唎蜜哆二阿喻紇硯娜三須毗你悉指陀四囉佐耶五怛他羯他耶六怛姪他唵七薩婆
桑悉迦囉八波唎輸底九達磨底十伽伽娜十一莎訶某特伽底十二薩婆婆毗輸底十三摩訶娜耶十四波唎婆
嚟𪘨莎訶十五　尒時復有四十五姟佛一時同聲說是无量壽宗要經陁羅尼曰
南謨薄伽勃底一阿波唎蜜哆二阿喻紇硯娜三須毗你悉指陀四囉佐耶五怛他羯他耶六怛姪他唵七薩婆桑
悉迦囉八波唎輸底九達磨底十伽伽娜十一莎訶某特伽底十二薩婆婆毗輸底十三摩訶娜耶十四波唎婆嚟𪘨莎訶十五
尒時復有三十六姟佛一時同聲說是无量壽宗要經陁羅尼曰
南謨薄伽勃底一阿波唎蜜哆二阿喻紇硯娜三須毗你悉指陀四囉佐耶五怛他羯他耶六怛姪他唵七薩婆桑
悉迦囉八波唎輸底九達磨底十伽伽娜十一莎訶某特伽底十二薩婆婆毗輸底十三摩訶娜耶十四波唎婆嚟𪘨莎訶十五
尒時復有二十五姟佛一時同聲說是无量壽宗要經陁羅尼曰
南謨薄伽勃底一阿波唎蜜哆二阿喻紇硯娜三須毗你悉指陀四囉佐耶五怛他羯他耶六怛姪他唵七薩

BD00460-1　無量壽宗要經（甲本）

南謨薄伽勃底一阿波唎蜜哆二阿喻紇硯娜三須毗你悉指陁四囉佐耶五怛他羯他耶六怛姪他唵七薩婆桑悉迦羅八波唎輸底九達磨底十伽迦娜十一莎訶某特迦底十二薩婆婆毗輸底十三摩訶娜耶十四波唎婆嚟應莎訶十五

尒時復有恒河沙殑佛一時同聲說是无量壽宗要陁羅尼曰

南謨薄伽勃底一阿波唎蜜哆二阿喻紇硯娜三須毗你悉指陁四囉佐耶五怛他羯他耶六怛姪他唵七薩婆桑悉迦羅八波唎輸底九達磨底十伽迦娜十一莎訶某特迦底十二薩婆婆毗輸底十三摩訶娜耶十四波唎婆嚟應莎訶十五

善男子若有自書寫教人書寫是无量壽宗要經如其命盡復得長壽而滿百年陁羅尼曰

南謨薄伽勃底一阿波唎蜜哆二阿喻紇硯娜三須毗你悉指陁四囉佐耶五怛他羯他耶六怛姪他唵七薩婆桑悉迦羅八波唎輸底九達磨底十伽迦娜十一莎訶某特迦底十二薩婆婆毗輸底十三摩訶娜耶十四波唎婆嚟應莎訶十五

若有自書寫教人書寫是无量壽宗要經讀誦受持畢竟不墮地獄在在所生得宿命智陁羅尼曰

南謨薄伽勃底一阿波唎蜜哆二阿喻紇硯娜三須毗你悉指陁四囉佐耶五怛他羯他耶六怛姪他唵七薩婆桑悉迦羅八波唎輸底九達磨底十伽迦娜十一莎訶某特迦底十二薩婆婆毗輸底十三摩訶娜耶十四波唎婆嚟應莎訶十五

若有自書教人書寫是无量壽宗要經受持讀誦如同書寫八万四千一切經典陁羅尼曰

南謨薄伽勃底一阿波唎蜜哆二阿喻紇硯娜三須毗你悉指陁四囉佐耶五怛他羯他耶六怛姪他唵七薩婆桑悉迦羅八波唎輸底九達磨底十伽迦娜十一莎訶某特迦底十二薩婆婆毗輸底十三摩訶娜耶十四波唎婆嚟應莎訶十五

若有自書寫教人書寫是无量壽宗要經即是書寫八万四千部建立塔廟陁羅尼曰

南謨薄伽勃底一阿波唎蜜哆二阿喻紇

若有自書寫教人書寫是无量壽宗要経能消五无間等一切重罪陁羅尼曰
南謨薄伽勃底一阿波唎蜜哆二阿喻紇硯娜三須毗你悉指陁四羅佐耶五怛他羯他耶六怛姪他唵七薩婆桒
悉迦羅八波唎輸底九達磨底十伽迦娜十一莎訶其特伽底十二薩婆婆毗輸底十三摩訶娜耶十四波唎婆
㘑莎訶十五　　若有自書寫教人書寫是无量壽宗要受持讀誦設有重罪
猶如須弥盡能除滅陁羅尼曰　　南謨薄伽勃底一阿波唎蜜哆二阿喻紇硯
娜三須毗你悉指陁四羅佐耶五怛他羯他耶六怛姪他唵七薩婆桒悉迦羅八波唎輸底九達磨底十伽迦娜十一
莎訶其特伽底十二薩婆婆毗輸底十三摩訶娜耶十四波唎婆㘑莎訶十五
若有自書寫教人書寫是无量壽宗要経受持讀誦若魔魔之眷屬夜叉羅刹不得其
便終无枉死陁羅尼曰　　南謨薄伽勃底一阿波唎蜜哆二阿喻紇硯娜三須毗你
悉指陁四羅佐耶五怛他羯他耶六怛姪他唵七薩婆桒悉迦羅八波唎輸底九達磨底十伽迦娜十一莎訶其特
伽底十二薩婆婆毗輸底十三摩訶娜耶十四波唎婆㘑莎訶十五
若有自書教人書寫是无量壽宗要経受持讀誦當命終時有九十九姟佛現其人前
冢千佛授手能遊一切佛刹莫於此経生於疑惑陁羅尼曰
南謨薄伽勃底一阿波唎蜜哆二阿喻紇硯娜三須毗你悉指陁四羅佐耶五怛他羯他耶六怛姪他唵七薩婆桒
悉迦羅八波唎輸底九達磨底十伽迦娜十一莎訶其特伽底十二薩婆婆毗輸底十三摩訶娜耶十四波唎婆
㘑莎訶十五　　若有自書寫教人書寫是无量壽宗要経受持讀誦當

囉莎訶十五　若有自書寫教人書寫是无量壽宗要經受持讀誦常
得四天大王隨其衛護陁羅尼曰　南謨薄伽勃底一阿波唎蜜哆二阿喻
紇硯娜三須毗你恙指陁四羅佐耶五怛他羯他耶六怛姪他唵七薩婆桑恙迦羅八波唎輸底九達磨底十
伽迦娜十一莎訶其特伽底十二薩婆婆毗輸底十三摩訶娜耶十四波唎婆𠼝莎訶十五
若有自書教人書寫是无量壽宗要經受持讀誦當得往生西方極樂世界阿弥陁淨土陁羅
尼曰　南謨薄伽勃底一阿唎波蜜哆二阿喻紇硯娜三須毗你恙指陁四羅佐耶五
怛他羯他耶六怛姪他唵七薩婆桑恙迦羅八波唎輸底九達磨底十伽迦娜十一莎訶其特伽底十二薩婆婆毗
輸底十三摩訶娜耶十四波唎婆𠼝莎訶十五
若有方所自書寫使人書寫是无量壽經典之處則為是塔皆應恭敬作礼若是畜
生飛鳥獸得聞是經知是等類皆當不久得成一切種陁羅尼曰
南謨薄伽勃底一阿波唎蜜哆二阿喻紇硯娜三須毗你恙指陁四羅佐耶五怛他羯他耶六怛姪他唵七薩
婆桑恙迦羅八波唎輸底九達磨底十伽迦娜十一莎訶其特伽底十二薩婆婆毗輸底十三摩訶娜耶十四
波唎婆𠼝莎訶十五　若有於是无量壽經自書寫若使人書畢竟不受
女人之身陁羅尼曰　南謨薄伽勃底一阿波唎蜜哆二阿喻紇硯娜三須毗你恙
指陁四羅佐耶五怛他羯他耶六怛姪他唵七薩婆桑恙迦羅八波唎輸底九達磨底十伽迦娜十一莎訶其特
伽底十二薩婆婆毗輸底十三摩訶娜耶十四波唎婆𠼝莎訶十五
若有能於是經少分能惠施者等於三千大千世界滿中七寶布施陁羅尼曰

訶娜耶十四波唎婆囇莎訶十五

若有能供養是經者則是供養一切諸經等无有異陁羅尼曰

南謨薄伽勃底一阿波唎蜜哆二阿喻紇硯娜三須毗你悲栺陁四羅佐耶五怛他羯他耶六怛姪他唵七

薩婆桑悉迦羅八波唎輸底九達磨底十伽迦娜十一莎訶其特迦底十二薩婆婆毗輸底十三摩訶

娜耶十四波唎婆囇莎訶十五

如是毗婆尸佛尸棄佛毗舍浮佛俱留孫佛俱

那舍牟尼佛　加葉佛　釋迦牟尼佛

若有人以七寶供養如是七佛其福有限書寫

受持是无量壽經典所有功德不可限量陁羅尼曰

南謨薄伽勃底一阿波唎蜜哆二阿喻紇硯娜三須毗你悲栺陁四羅佐耶五怛他羯他耶六怛姪他唵七

薩婆桑悉迦羅八波唎輸底九達磨底十伽迦娜十一莎訶其特迦底十二薩婆婆毗輸底十三摩訶

娜耶十四波唎婆囇莎訶十五

若有七寶等於須弥以用布施其福上能知

其限量是无量壽經典其福不可知數陁羅尼曰

南謨薄伽勃底一阿波唎蜜哆二阿喻紇硯娜三須毗你悲栺陁四羅佐耶五怛他羯他耶六怛姪他唵七薩婆

桑悉迦羅八波唎輸底九達磨底十伽迦娜十一莎訶其特伽底十二薩婆婆毗輸底十三摩訶娜耶十四波唎婆

囇莎訶十五

如是四大海水可知滴數是无量壽經典所生果報不可數量

陁羅尼曰

南謨薄伽勃底一阿波唎蜜哆二阿喻紇硯娜三須毗你悲栺陁四羅佐耶五

怛他羯他耶六怛姪他唵七薩婆桑悉迦羅八波唎輸底九達磨底十伽迦娜十一莎訶其特迦底十二薩婆婆毗

怛他羯他耶六 怛姪他唵七 薩婆桑悉迦羅八 波唎輸底九 達磨底十 伽伽娜十一 莎訶某特迦底十二 薩婆婆毗輸底十三 摩訶娜耶十四 波唎婆嚟莎訶十五

若有自書使人書寫是无量壽經典又能護持供養即如恭敬供養一切十方佛土如来无有異別陁羅尼曰

南謨薄伽勃底一 阿波唎蜜多二 阿諭紇硯娜三 須毗你悉指陁四 羅佐耶五 怛他羯他耶六 怛姪他唵七 薩婆桑悉迦羅八 波唎輸底九 達摩底十 伽伽娜十一 莎訶某特迦底十二 薩婆婆毗輸底十三 摩訶娜耶十四 波唎婆嚟莎訶十五

布施力能成正覺
悟布施力人師子
布施力能聲普聞
慈悲階漸最能入

持戒力能成正覺
悟持戒力人師子
持戒力能聲普聞
慈悲階漸最能入

忍辱力能成正覺
悟忍辱力人師子
忍辱力能聲普聞
慈悲階漸最能入

精進力能成正覺
悟精進力人師子
精進力能聲普聞
慈悲階漸最能入

禪定力能成正覺
悟禪定力人師子
禪定力能聲普聞
慈悲階漸最能入

智慧力能成正覺
悟智慧力人師子
智慧力能聲普聞
慈悲階漸最能入

尒時如来說是經已一切世間天人阿脩羅乾闥婆等聞佛所說皆大歡喜信受奉行

佛說无量壽宗要經

氾子昇寫

大乘无量壽經

如是我聞一時薄伽梵在舍衛國祇樹給孤獨園與大苾芻僧千二百五十人大菩薩摩訶薩衆
俱同坐尒時世尊告曼殊室利童子曼殊上方有世界名无量功德聚彼土有佛号无量
智決定王如來阿耨多羅三藐三菩提現衆生開示説法曼殊聽南閻浮提人皆短壽大限百
年於中枉横死者衆殊如是无量壽如來功德名稱法要若有衆生得聞名号若自
書或使人書能爲經卷受持讀誦若於宅舍所住之處以種種花鬘瓔珞塗香末香而爲供
養如其命盡復得延年滿足百歲如是曼殊若有衆生得聞是无量壽智決定王如來一
百八名号者益其長壽若有衆生大命將盡憶念是如來名号更得增壽如是曼殊若
有善男子善女人欲求長命於是无量壽如來一百八名号有得聞者或自書若使人書
受持讀誦得如是等果報福德具足陁羅尼曰
南謨薄伽勃底一阿波唎蜜多二阿喻紇硯娜三須毗你悉指陁四囉佐耶五怛他羯他耶六怛姪他唵七
薩婆桑悉迦囉八波唎輸底九達磨底十伽伽娜十一莎訶某特伽底十二薩婆婆毗輸底十三摩訶娜
耶十四波唎婆囉莎訶十五　　世尊復告曼殊室利如是如來一百八名号若有自
書或使人書爲經卷受持讀誦如壽命盡復滿百年受終此身後得往生无量福智
世界无量壽淨土陁羅尼曰　　南謨薄伽勃底一阿波唎蜜多二阿喻紇硯娜三須
毗你悉陁四囉佐耶五怛他羯他耶六怛姪他唵七薩婆桑悉迦囉八波唎輸底九達磨底十伽伽娜十一莎
訶某特伽底十二薩婆婆毗輸底十三摩訶娜耶十四波唎婆囉莎訶十五

BD00460-1　無量壽宗要經（甲本）　　BD00460-2　無量壽宗要經（甲本）

訶某特迦底十二 薩婆婆毗輸底十三 摩訶娜耶十四 波唎婆嚟莎訶十五

尒時有九十九殑佛等一時同聲說是无量壽宗要經陀羅尼曰

南謨薄伽勃底一 阿波唎蜜哆二 阿喻紇硯娜三 須毗你悉指陀四 囉佐耶五 怛他羯他耶六 怛姪他唵七 薩婆桑悉迦囉八 波唎輸底九 達磨底十 伽迦娜十一 莎訶某特迦底十二 薩婆婆毗輸底十三 摩訶娜耶十四 波唎婆嚟莎訶十五

尒時復有一百四殑佛一時同聲說是无量壽宗要經陀羅尼曰

南謨薄伽勃底一 阿波唎蜜哆二 阿喻紇硯娜三 須毗你悉指陀四 囉佐耶五 怛他羯他耶六 怛姪他唵七 薩婆桑悉迦囉八 波唎輸底九 達磨底十 伽迦娜十一 莎訶某特迦底十二 薩婆婆毗輸底十三 摩訶娜耶十四 波唎婆嚟莎訶十五

尒時復有七殑佛一時同聲說是无量壽宗要經陀羅尼曰

南謨薄伽勃底一 阿波唎蜜哆二 阿喻紇硯娜三 須毗你悉指陀四 囉佐耶五 怛他羯他耶六 怛姪他唵七 薩婆桑悉迦囉八 波唎輸底九 達磨底十 伽迦娜十一 莎訶某特迦底十二 薩婆婆毗輸底十三 摩訶娜耶十四 波唎婆嚟莎訶十五

尒時復有六十五殑佛一時同聲說是无量壽宗要經陀羅尼曰

南謨薄伽勃底一 阿波唎蜜哆二 阿喻紇硯娜三 須毗你悉指陀四 囉佐耶五 怛他羯他耶六 怛姪他唵七 薩婆桑悉迦囉八 波唎輸底九 達磨底十 伽迦娜十一 莎訶某特迦底十二 薩婆婆毗輸底十三 摩訶娜耶十四 波唎婆嚟莎訶十五

尒時復有五十五殑佛一時同聲說是无量壽宗要經陀羅尼曰

南謨薄伽勃底一 阿波唎蜜哆二 阿喻紇硯娜三 須毗你悉指陀四 囉佐耶五 怛他羯他耶六 怛姪他唵七 薩婆桑悉迦囉八 波唎輸底九 達磨底十

南謨薄伽勃底一阿波唎蜜哆二阿喻紇硯娜三須毗你恙栺陁四羅佐耶五怛他羯他耶六怛姪他唵七
薩婆桒恙迦羅八波唎輸底九達磨底十伽迦娜十一莎訶某特迦底十二薩婆婆毗輸底十三摩
訶娜耶十四波唎婆嚩嚫莎訶十五　尒時復有三十六姟佛一時同聲說是无量壽宗要經
陁羅尼曰　南謨薄伽勃底一阿波唎蜜哆二阿喻紇硯娜三須毗你恙栺陁四羅佐耶五
怛他羯他耶六怛姪他唵七薩婆桒恙迦羅八波唎輸底九達磨底十伽迦娜十一莎訶某特迦底十二薩
婆婆毗輸底十三摩訶娜耶十四波唎婆嚩嚫莎訶十五　尒時復有二十五姟佛一時同聲
說是无量壽宗要經陁羅尼曰　南謨薄伽勃底一阿波唎蜜哆二阿喻紇硯娜三須
毗你恙栺陁四羅佐耶五怛他羯他耶六怛姪他唵七薩婆桒恙迦羅八波唎輸底九達磨底十伽迦娜十一莎
訶某特迦底十二薩婆婆毗輸底十三摩訶娜耶十四波唎婆嚩嚫莎訶十五
尒時復有恒沙河姟佛一時同聲說是无量壽宗要經陁羅尼曰
南謨薄伽勃底一阿波唎蜜哆二阿喻紇硯娜三須毗你恙栺陁四羅佐耶五怛他羯他耶六怛姪他唵七薩
婆桒恙迦羅八波唎輸底九達磨底十伽迦娜十一莎訶某特迦底十二薩婆婆毗輸底十三摩訶娜耶十四
波唎婆嚩嚫莎訶十五　善男子若有自書寫教人書寫无是量壽宗要經如其命
盡復得長壽而滿百年陁羅尼曰　南謨薄伽勃底一阿波唎蜜哆二阿喻紇硯
娜三須毗你恙栺陁四羅佐耶五怛他羯他耶六怛姪他唵七薩婆桒恙迦羅八波唎輸底九達磨
底十伽迦娜十一莎訶某特迦底十二薩婆婆毗輸底十三摩訶娜耶十四波唎婆嚩嚫莎訶十五
若有自書寫教人書寫是无量壽宗要經讀誦受持畢竟不墮地獄在在所生得

若有自書寫教人書寫是无量壽宗要經讀誦受持畢竟不墮地獄在在所生得
宿命智陀羅尼曰
南謨薄伽勃底一阿波唎蜜哆二阿喻紇硯娜三須毗你悉指陀四
羅佐耶五怛他羯他耶六怛姪他唵七薩婆桒悉迦羅八波唎輸底九達磨底十伽伽娜十一莎訶某特
伽底十二薩婆婆毗輸底十三摩訶娜耶十四波唎婆曬莎訶十五　若有自書教人書寫
是无量壽宗要經受持讀誦如同書寫八万四千一切經典陀羅尼曰
南謨薄伽勃底一阿波唎蜜哆二阿喻紇硯娜三須毗你悉指陀四羅佐耶五怛他羯他耶六怛姪他唵七薩婆
桒悉迦羅八波唎輸底九達磨底十伽伽娜十一莎訶某特伽底十二薩婆婆毗輸底十三摩訶娜耶十四波
唎婆曬莎訶十五　若有自書寫教人書寫是无量壽宗要經即是書寫八万四千部
建立塔廟陀羅尼曰　南謨薄伽勃底一阿波唎蜜哆二阿喻紇硯娜三須毗你悉指陀四
羅佐耶五怛他羯他耶六怛姪他唵七薩婆桒悉迦羅八波唎輸底九達磨底十伽伽娜十一莎訶某特伽底十二
薩婆婆毗輸底十三摩訶娜耶十四波唎婆曬莎訶十五　若有自書寫教人書寫是无量
壽宗要經能消五无間等一切重罪陀羅尼曰　南謨薄伽勃底一阿波唎蜜哆二阿
喻紇硯娜三須毗你悉指陀四羅佐耶五怛他羯他耶六怛姪他唵七薩婆桒悉迦羅八波唎輸底九達磨
底十伽伽娜十一莎訶某特伽底十二薩婆婆毗輸底十三摩訶娜耶十四波唎婆曬莎訶十五
若有自書寫教人書寫是无量壽宗要經受持讀誦設有重罪猶如須彌盡能除滅陀羅
尼曰　南謨薄伽勃底一阿波唎蜜哆二阿喻紇硯娜三須毗你悉指陀四羅佐耶五怛他羯他耶六

若魔魔之眷屬夜叉羅刹不得其便終无枉死陀羅尼曰

南謨薄伽勃底一阿波唎蜜哆二阿喻紇硯娜三須毗你悉指陀四羅佐耶五怛他羯他耶六怛姪他唵七薩婆桒悉迦羅八波唎輸底九達磨底十伽迦娜十一莎訶某特迦底十二薩婆婆毗輸底十三摩訶娜耶十四波唎婆嚟莎訶十五

若有自書教人書寫是无量壽宗要經受持讀誦當命終時有九十九殑佛現其人前家千佛授手能遊一切佛刹莫於此經生於疑惑陀羅尼曰

南謨薄伽勃底一阿波唎蜜哆二阿喻紇硯娜三須毗你悉指陀四羅佐耶五怛他羯他耶六怛姪他唵七薩婆桒悉迦羅八波唎輸底九達磨底十伽迦娜十一莎訶某特迦底十二薩婆婆毗輸底十三摩訶娜耶十四波波唎婆嚟莎訶十五

若有自書寫教人書寫是无量壽宗要經受持讀誦常得四天大王隨其衛護陀羅尼曰

南謨薄伽勃底一阿唎波蜜哆二阿喻紇硯娜三須毗你悉指陀四羅佐耶五怛他羯他耶六怛姪他唵七薩婆桒悉迦羅八波唎輸底九達磨底十伽迦娜十一莎訶某特迦底十二薩婆婆毗輸底十三摩訶娜耶十四波唎婆嚟莎訶十五

若有自書教人書寫是无量壽宗要經受持讀誦當得往生西方極樂世界阿彌陀淨土陀羅尼曰

南謨薄伽勃底一阿波唎蜜哆二阿喻紇硯娜三須毗你悉指陀四羅佐耶五怛他羯他耶六怛姪他唵七薩婆桒悉迦羅八波唎輸底九達磨底十伽迦娜十一莎訶某特迦底十二薩婆婆毗輸底十三摩訶娜耶十四波唎婆嚟莎訶十五

若有方所自書寫使人書寫是无量壽經典之處則為是塔皆應恭敬作礼若是畜生或為鳥獸得聞是經如是等類皆當不久得成一切種智陀羅尼曰

南謨薄伽勃底一阿波唎蜜哆二阿喻紇硯娜三須毗你悉指陀四羅佐耶五怛他羯他耶六怛姪他唵七薩婆

南謨薄伽勃底一阿波唎蜜哆二阿喻紇硯娜三須毗你悉栺陁四囉佐耶五怛他羯他耶六怛姪他唵七薩婆
桒悉迦囉八波唎輸底九達磨底十伽迦娜十一莎訶某特迦底十二薩婆婆毗輸底十三摩訶娜耶十四波唎婆
囉莎訶十五　若有於是无量壽經自書寫若使人書畢竟不受女人之身陁羅尼曰
南謨薄伽勃底一阿波唎蜜哆二阿喻紇硯娜三須毗你悉栺陁四囉佐耶五怛他羯他耶六怛姪他唵七薩婆桒
悉迦囉八波唎輸底九達磨底十伽迦娜十一莎訶某特迦底十二薩婆婆毗輸底十三摩訶娜耶十四波唎婆囉
莎訶十五　若有能於是经少分能恵施者等於三千大千世界滿中七寶布施陁羅尼曰
南謨薄伽勃底一阿波唎蜜哆二阿喻紇硯娜三須毗你悉栺陁四囉佐耶五怛他羯他耶六怛姪他唵七薩
婆桒悉迦囉八波唎輸底九達磨底十伽迦娜十一莎訶某特迦底十二薩婆婆毗輸底十三摩訶娜耶十四
波唎婆囉莎訶十五　若有能供養是经者則是供養一切諸经等无有異陁羅尼曰
南謨薄伽勃底一阿波唎蜜哆二阿喻紇硯娜三須毗你悉栺陁四囉佐耶五怛他羯他耶六怛姪他唵七薩婆桒悉
迦囉八波唎輸底九達磨底十伽迦娜十一莎訶某特迦底十二薩婆婆毗輸底十三摩訶娜耶十四波唎婆囉莎訶十五
如是毗婆尸佛尸弃佛毗舍浮佛俱留孫佛俱那含牟尼佛　加葉佛　釋迦牟尼佛
若有人以七寶供養如是七佛其福有限書寫受持是无量壽經典所有功德不可限量陁
羅尼曰　南謨薄伽勃底一阿波唎蜜哆二阿喻紇硯娜三須毗你悉栺陁四囉佐耶五怛他羯他
耶六怛姪他唵七薩婆桒悉迦囉八波唎輸底九達磨底十伽迦娜十一莎訶某特迦底十二薩婆婆毗輸底十三摩
訶娜耶十四波唎婆囉莎訶十五　若有七寶等於須弥以用布施其福上能知其限量

[illegible]

伽娜十一莎訶某特伽底十二薩婆婆毗輸底十三摩訶娜耶十四波唎婆嚩莎訶十五

如是四大海水可知滴數是无量壽經典所生果報不可數量陀羅尼曰

南謨薄伽勃底一阿波唎蜜多二阿喻紇硯娜三須毗你悉指陀四囉佐耶五怛他羯他耶六怛姪他唵七薩婆

桑悉迦囉八波唎輸底九達磨底十伽伽娜十一莎訶某特伽底十二薩婆婆毗輸底十三摩訶娜耶十四波

唎婆嚩莎訶十五　若有自書使人書寫是无量壽經典又能讀持供養即如恭敬

供養一切十方佛土如來无有異別陀羅尼曰

南謨薄伽勃底一阿波唎蜜多二阿喻紇硯娜三須毗你悉指陀四囉佐耶五怛他羯他耶六怛姪他唵七薩婆

桑悉迦囉八波唎輸底九達磨底十伽伽娜十一莎訶某特伽底十二薩婆婆毗輸底十三摩訶娜耶十四波唎

婆嚩莎訶十五

布施力能成正覺　悟布施力人師子　布施力能聲普聞　慈悲階漸最能入

持戒力能成正覺　悟持戒力人師子　持戒力能聲普聞　慈悲階漸最能入

忍辱力能成正覺　悟忍辱力人師子　忍辱力能聲普聞　慈悲階漸最能入

精進力能成正覺　悟精進力人師子　精進力能聲普聞　慈悲階漸最能入

禪定力能成正覺　悟禪定力人師子　禪定力能聲普聞　慈悲階漸最能入

智慧力能成正覺　悟智慧力人師子　智慧力能聲普聞　慈悲階漸最能入

爾時如來說是經已一切世間天人阿脩羅揵闥婆等聞佛所說皆大歡喜信受奉行

尒時如来說是經已一切世間天人阿脩羅揵闥婆等聞佛所說皆大歡喜信受奉行

佛說无量壽宗要經

氾子昇寫

BD00461 佛名經（十六卷本）卷三

818.5cm × 32.3cm

普至菩薩阿耨多羅三藐三菩提記
南无寶光明世界名須弥光明如来彼如来授名善
住菩薩阿耨多羅三藐三菩提記
南无一切得住世界名无量境界如来彼如来授名
藥王菩薩阿耨多羅三藐三菩提記
南无莊嚴菩提世界名高妙法如来彼如来授名思
益勝慧菩薩阿耨多羅三藐三菩提記
南无无垢世界名寶花成就功德如来彼如来授
名得勝慧菩薩阿耨多羅三藐三菩提記
南无雲世界名奮迅如来彼如来授名自在觀菩
薩阿耨多羅三藐三菩提記
南无花網覆世界名一切發衆生信發心如来彼如
来授名勝慧阿耨多羅三藐三菩提記
南无星宿行世界名樂莊嚴思如来彼如来授名无

来授名勝慧阿耨多羅三藐三菩提記
南无星宿行世界名樂星宿起如来彼如来授名无
憂菩薩阿耨多羅三藐三菩提記
南无寶花世界名勝衆如来彼如来授名妙勝菩薩
阿耨多羅三藐三菩提記
南无无量至世界名无量花如来彼如来授名香象
菩薩阿耨多羅三藐三菩提記
南无花世界名寶勝如来彼如来授名遠離諸
有菩薩阿耨多羅三藐三菩提記
南无種種幢世界名月功德如来彼如来授名斷
一切諸難菩薩阿耨多羅三藐三菩提記
南无可樂世界名即發心轉法輪如来彼如来授
名不退轉輪菩薩阿耨多羅三藐三菩提記
南无无畏世界名十方稱名如来彼如来授名智

南无无畏世界名十方稱名如來彼如來授名智
稱菩薩阿耨多羅三藐三菩提記
南无自在世界迦陵伽佛
南无安樂世界日輪燈明佛
南无无畏世界寶勝佛
南无智成就世界智起佛
南无純樂世界功德王住佛
南无蓋行華世界无障礙眼佛
南无金剛輪世界无畏佛
南无發起世界智積佛
南无善清淨世界无觀相發行佛
南无普光明世界光明輪威德王勝佛
南无高幢世界慧佛
南无礙世界那羅延佛

南无高幢世界慧佛
南无得世界那羅延佛
南无垢世界无垢幢佛
南无遠離一切憂障世界安隱佛
南无賢上世界遠離諸煩惱佛
南无一切安樂清淨慧佛
南无无量功德具足世界善思惟發佛
南无平等世界降伏諸怨佛
南无无畏世界憂波羅勝佛
南无十方光明世界勝力王佛
南无常光明世界无量光明雲香彌留佛
南无常莊嚴世界降伏男女佛
南无沈水香世界種種花佛
南无香蓋世界无邊智佛
南[illegible]

南无香蓋世界无邊智佛
南无旃檀香世界寶上王佛
南无香世界彌留佛
南无普善世界知見一切衆生信佛
南无不可量世界无邊聲佛
南无佛花莊嚴世界智功德勝佛
南无善住世界不動步佛
南无花世界无障㝵吼聲佛
南无月世界普寶藏佛
南无堅住世界迦葉佛
南无普波頭摩世界觀一切境界鏡佛
南无旃檀世界上首佛
南无寶世界成就義佛

南无寶世界成就義佛
南无有月世界成就勝佛
南无无障身世界名稱佛
南无安樂世界斷一切疑佛
南无王世界智勝佛
南无普畏世界月佛
南无種種成就世界功德微佛
南无種種花世界星宿王佛
南无廣世界无量幢佛
南无羅網世界羅網光明佛
南无无驚怖世界淨聲佛
南无可樂世界風寶勝佛
南无離癡世界一切法无所發佛
南无常稱世界不斷一切衆生發行佛
南

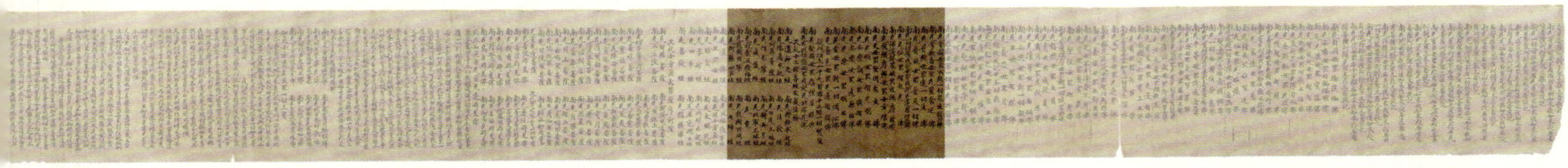

南无常稱世界不斷一切衆生發行佛
南无常歡喜世界无量奮迅佛
南无普鏡世界遠一切法佛
南无普照世界普見一切佛
南无一切功德成就世界成就无邊勝功德佛
南无垢世界智起光佛
南无怖優鉢羅世界波頭摩勝佛
南无波頭摩怖世界十方勝佛
南无天世界堅固衆生佛
南无光明世界智光明佛
南无安樂調世界脩智佛
南无安樂世界遠離胎佛
南无无染世界明王佛
南无雲世界斷一切煩惱佛

南无雲世界斷一切煩惱佛
南无善色世界无邊智稱佛
從此以上一千九百佛十二經一切賢聖
南无堅固世界旃檀屋勝佛
南无无比功德世界成就无比勝花佛
次礼十二部尊經大藏法輪
南无道神足經
南无轉輪本起經
南无瑞應本起經
南无法效經
南无阿鼻曇薩經
南无日光三昧經
南无作形像經
南无轉女身經
南无威儀經
南无比羅三昧經
南无施食五種福經
南无梵經
南无龍樹因緣經
南无龍樹所問經
南无阿難四事經
南无七婦經

南无龍樹[illegible]場經　南无龍樹[illegible][illegible]經
南无阿難四事經　南无七婦經
南无灌佛經　南无五福德子經
南无五濁世經　南无滅十方冥經
南无時食經　南无大頭陁經
南无孚妙經　南无門妙分越經
南无四帝經　南无尼宅迴王經
南无菩提經　南无稱楊佛經

次礼十方諸大菩薩摩訶薩

南无堅勝菩薩　南无斷諸惡道菩薩
南无不疲惓菩薩　南无須弥山菩薩
南无心勇猛菩薩
南无師子奮迅行菩薩　南无不可思議菩薩
南无善勝菩薩　南无善意菩薩

南无善勝菩薩
南无善意菩薩
南无寶語菩薩
南无愛見菩薩
南无障尋菩薩
南无斷諸疑菩薩
南无寶作菩薩
南无廣德菩薩
南无護賢劫菩薩
南无寶月菩薩
南无漫陁婆香菩薩
南无樂作菩薩
南无无垢稱菩薩
南无思益菩薩
南无普華菩薩
南无月勝菩薩
南无月山菩薩
南无智山菩薩
南无岩鳩羅菩薩
南无遠鳩羅菩薩
南无鳩陁羅菩薩
南无秀伽羅菩薩
南无日陳羅菩薩
南无歸命如是等十
无量无邊菩薩
次礼聲聞緣覺一切賢聖
南无善快辟支佛
南无盡達陁辟支佛

南无善伏辟支佛　南无達陁辟支佛
南无吉沙辟支佛　南无憂波吉沙辟支佛
南无斷有辟支佛　南无憂波支羅辟支佛
南无斷愛辟支佛　南无旃婆羅辟支佛
南无轉覺辟支佛　南无去垢辟支佛
南无高去辟支佛　南无阿惹多辟支佛
歸命如是等无量无邊辟支佛
弟子某甲等今以惣相懺悔一切諸業今當次第更
復一一別相懺悔若惣若別若麁若細若輕若重
若說不說品類相從願皆消滅別相懺悔者先懺
身三次懺口四其餘諸障次第稽顙身三業者第一
煞害如經所明恕己可為喻勿煞勿行杖雖復禽獸之
殊保命畏死其事是一若尋此衆生无始以來或是我

殊保命畏死其事是一若尋此衆生无始以來或是我
父母兄弟六親眷屬以業因緣輪迴六道出生入死改形
易報不復相識而今興害食噉其肉傷慈之甚是故
佛言設得餘食當如飢世食子肉想何况食噉此魚宍
邪又言為利煞衆生以錢網衆生宍二俱是惡業死墮
叫呼地獄故煞害及以食噉罪深河海過重丘岳然弟子等
无始以來不遇善友皆為此業是故經言煞害之罪能令
衆生墮於地獄餓鬼受苦若在畜生則受虎豹豺狼鷹
鷂等身或受毒虵蝮蝎等身常懷惡心或麞鹿熊
羆等身常懷恐怖若生人中得二種果報一者多病二
者斷命煞害食噉既有如是无量種種諸惡果報是
故弟子至到稽顙歸依佛
南无東方滅諸怖畏佛　南无南方日月燈明佛
南无西方覺華光佛　南无北方發功德佛

南无西方覺華光佛　南无北方發功德佛
南无東南方除衆惑真佛　南无西南方无生自在佛
南无西北方大通王佛　南无東北方空離垢心佛
南无下方同像空无佛　南无上方琉璃藏勝佛
如是十方盡虛空界一切三寶
弟子等自從无始以来至於今日有此心識常懷殘
毒无慈愍心或因貪起煞因瞋因癡及以慢煞或或
興惡方便計煞願煞及以呪煞或破決湖池焚燒山
野田獵魚捕或因風放火飛鷹走犬惱害一切如是等
罪今悉懺悔　或以檻弶坑撥杈戟弓弩彈射
飛鳥走獸之類或以罛網罾鉤撈漉水性魚鼈黿
鼉蝦蟇螺蚌濕居之屬水陸之與空行藏竄无地或
畜養雞猪牛羊犬豕鵝鴨之屬自供庖厨或貨他宰
煞使其哀聲未盡毛羽脫落鱗甲傷毀身首分離

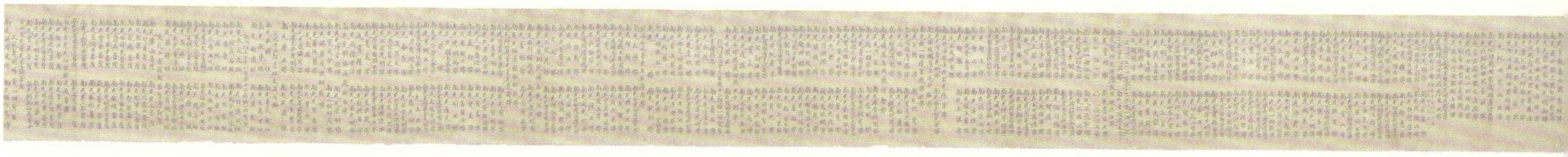

殺使其哀聲未盡毛羽脫落鱗甲傷毀身首分離
宍鎖碎剥裂屠割炮燒煑炙楚毒酸切橫加无辜
但取一時之快口得味甚寡不過三寸舌根而已然其
罪報殃累永劫如是等罪今日至誠皆悉懺悔
又復无始以來至於今日或復與師相伐壃場交諍兩
陣相向更相殺害或自殺教殺聞殺歡喜或習屠鱠傭
為形裁宰他命行於不忍或恣忿怒揮戈舞刃或
斬或刺或推著坑塹或以水沈溺或塞穴壞巢土石
磓磚或以車馬雷轢踐蹋一切眾生如是等罪无量无
邊今日發露皆悉懺悔
又復无始以來或墮胎破卵毒藥蠱道傷殺眾生墾
土掘地種植田園養蚕煑繭傷殺滋甚或打撲蚊蚋
嚙蚤虱或燒除糞掃開決溝渠枉害一切或噉菓實
或用穀米或水或菜橫殺眾生或燃燒薪或露燈燭

或用穀米或水或菓擲煞衆生或燃燋薪或露燈燭
燒諸蟲類或食蕃酢不看搖動或寫湯水澆煞虫蟻
如是乃至行住坐臥四威儀中恒常傷煞飛空著地細
細微衆生弟子以凡夫識暗不覺不知今日發露皆悉懺悔
又復弟子无始以來至于今日或以鞭杖枷鎖桁械壓
拷掠打擲手腳蹴蹋拘縛籠繫斷絕水穀如是諸
種種諸惡方便苦惱衆生今日至誠向十方佛尊法聖
衆皆悉懺悔　願弟子等承是懺悔煞害等罪
所生功德生生世世得金剛身壽命无窮永離怨憎无
煞害想於諸衆生得一子地若見危難危厄之者不
惜身命方便救解令得解脫然後為說微妙正法使諸衆
生覩形見影皆蒙安樂聞名聽聲恐怖悉除　礼仏一拜
南无寶世界善住力王佛
南无十方上首世界超月光佛

南无十方上首世界起月光佛
南无龍王世界上首佛
南无善住世界善高聚佛
南无无怖畏世界作稱佛
南无受香世界斷諸難佛
南无成就一切功德善住世界稱親佛
南无憂慧世界遠離諸憂佛
南无成就一切勢善住世界稱堅固佛
南无稱世界起波頭摩功德王佛
南无花俱蘇摩住世界善散花幢佛
南无十方名稱世界放光明普至佛
南无十方上首世界名稱眼佛
南无炎慧世界放炎佛
從此以上二千佛十部經一切賢聖

從此以上二千佛十部經一切賢聖
南无吼世界十方稱名佛
南无光明世界自在弥留佛
南无寶光明世界大光明佛
南无常歡喜世界炎熾佛
南无有世界三界自在奮迅佛
南无畏世界放光明輪佛
南无常懸世界衆爾勝佛
南无波頭摩王世界无盡勝佛
南无普吼世界妙鼓聲佛
南无畏世界普勝佛
南无十方名稱世界智勝佛
南无地世界山王佛
南无世功德世界波頭摩勝王佛

南无地功德世界波頭摩勝王佛
南无然燈輪世界善住佛
南无普莊嚴世界大莊嚴佛
南无猗世界作一切功德佛
南无歡喜世界畢竟成就佛
南无星宿行世界智上勝佛
南无蓋行莊嚴世界智起光明威德王勝佛
南无波頭摩世界波頭摩生王佛
南无法境自在佛　胡本中自此以下皆有世界略不明矣
南无月中光明佛　南无香像佛
南无阿弥陁光明佛　南无波頭山佛
南无波頭摩生勝佛　南无旃檀勝佛
南无寶積佛　南无智慧佛
南无无畏作王佛　南无功德成就勝佛

南无无畏作王佛　南无功德成就勝佛
南无光明幢佛　南无无量功德住佛
南无功德成就勝佛　南无一切功德成就勝佛
南无波頭摩成就勝佛　南无烜任持佛
南无寶上勝佛　南无金色花佛
南无上王佛　南无星宿王佛
南无无量弥留佛　南无虛空輪清淨王佛
南无无量聲佛　南无寶山佛
南无種種寶俱摩花佛　南无勝衆佛
南无塵離塵佛　南无不宿發修行佛
南无金色花佛　南无寶舍佛
南无種種花成就佛　南无放光明佛
南无俱蘇摩成佛　南无放蓋佛
南无羅力王佛　南无淨聲佛

南无稱力王佛　南无淨聲佛
南无淨勝佛　南无无量衆佛
南无上首佛　南无无障㝵眼佛
南无破散一切故諍佛　南无斷一切疑佛
南无无相聲佛　南无畢竟得无邊功德佛
南无寶成就勝佛　南无波頭摩上勝佛
南无寶上佛　南无无障㝵發脩佛
南无无邊佛　南无寶弥留佛
南无日然上勝佛　南无智成就勝佛
南无憂鉢羅然燈佛　南无十方然燈佛
南无賢勝佛　南无娑羅自在王佛
南无師子佛　南无大寶弥留佛
南无毗婆尸佛　南无妙勝光明佛
南无功德王光明佛　南无華王佛

南无功德王光明佛　南无華王佛
南无无量明佛　南无功德一味佛
南无十方燃燈佛　南无賢勝佛
南无娑羅自在王佛　南无師子王佛
南无寶弥留堅佛　南无毗婆尸羅佛
南无明王佛　南无上首佛
南无月上王佛　南无大龍佛
南无香上勝佛　南无香勝佛
南无旃檀屋佛　南无香幢佛
南无旃檀香佛　南无无邊精進佛
從此以上二千一百佛十二部經一切賢聖
南无十方光明佛　南无放頭摩上佛
南无鷲怖放頭摩花成就上王佛
南无寶岡佛　南无善住王佛

南无寶网佛　南无善住王佛
南无香爲王佛　南无與一切樂佛
南无示一切念佛　南无不空說佛
南无能滅一切畏佛　南无不住王佛
南无寶光明佛　南无與一切衆生安隱佛
南无觀无邊境界佛　南无虛空莊嚴勝佛
南无无憂莊嚴佛　南无脩行幢佛
南无成就驚怖勝光佛　南无賢勝佛
南无清淨眼佛　南无大將軍佛
南无上勝高佛　南无不可勝幢佛
南无可依佛　南无无量无邊佛
南无香彌留佛　南无月輪聞王佛
南无妙彌留寶成就佛　南无聞彌留善勝佛

南无妙彌留寶成就佛　南无聞彌留善勝佛
南无淨勝佛　南无无障㝵眼佛
南无无邊功德作佛　南无威德王佛
南无願善思惟成就佛　南无清淨輪王佛
南无智上佛　南无精進山佛
南无智山佛　南无方作佛
南无大會上首佛　南无最上首佛
南无智護佛　南无上勝佛
南无不成境界佛
南无現示眾生境界无障㝵佛
南无无障㝵光明佛　南无發光明无㝵佛
南无佛波頭摩上成就勝佛
南无觀一切境界現佛形佛
南无說堅佛　南无化聲佛

南无訓陛佛　南无化聲佛
南无波頭摩勝佛　南无寶成就勝佛
南无海彌留佛　南无无垢慧佛
南无智花成就佛　南无現成就勝佛
南无積勝上威德寂靜佛
南无无畏去佛　南无離貪境界佛
南无離一切取佛　南无香風佛
南无无等香光佛　南无雲妙鼓聲佛
南无功德成就勝佛　南无无量奮迅境界彌留聚佛
南无香勝彌留佛　南无无量彌留佛
南无无量光明佛　南无善見佛
南无无畏佛　南无得无畏佛
南无月燃燈佛　南无大然燈佛
南无勝脩佛　南无勝衆佛

南无勝脩佛　南无勝衆佛
南无金剛成佛　南无智自在王佛
南无智力稱佛　南无无畏勝佛
南无功德王光明佛　南无善眼佛
南无堅自在佛　南无弥留王佛
南无虚空弥留寶勝佛　南无堅上勝佛
南无梵吼聲佛　南无寶花佛
南无波頭摩成就勝佛　南无旃檀香佛
南无弥劫留佛　南无勝莊嚴佛
南无寶蓋佛　南无香象佛
南无邊勝佛　南无不空說名佛
南无不可思議功德王光明佛
南无无畏王佛　南无波頭摩上勝佛
從此以上二千三百佛十二部經一切賢聖

從此以上二千三百佛十二部經一切賢聖

南无常得精進佛　南无藥王佛

南无安隱佛　南无无邊意行佛

南无无邊境界佛　南无无邊光明佛

南无无邊眼佛　南无无邊虛空境界佛

南无金色境界佛　南无星宿王佛

南无香上勝佛　南无虛空勝佛

南无妙勝佛　南无方作佛

南无妙弥留佛　南无无障㝵眼佛

南无佛　南无然炬佛

歸命如是等无量无邊諸佛

南无大幢佛　南无賢无垢威德光佛

南无智積佛　南无積力王佛

南无功德王光明佛　南无見智佛

南无切德王光明佛　南无見智佛
南无波頭摩妙勝佛　南无成就勝佛
南无寶光佛　南无寶蓮華勝佛
南无遠離疑成就佛　南无衆上首佛
南无拘留孫佛　南无幢王佛
南无波頭摩切德佛　南无放光明佛
南无弥勒佛　南无光明波頭摩光佛
南无勝王佛　南无法幢佛
南无无量奮迅佛　南无海須弥佛
南无妙佛　南无釋迦牟尼佛
南无不空見佛　南无无障㝵吼聲佛
南无无量切德勝名光明佛
南无分別脩行佛　南无无邊光明佛
南无善眼佛　南无普寶藏佛

南无善眼佛　南无善寶藏佛
南无无垢遠離垢解脫佛
南无歸如是等无量无邊諸佛
南无西方无量華佛　南无无量照佛
南无无量光明佛　南无无量明佛
南无无量境界佛　南无无量自在佛
南无无量奮迅佛　南无普蓋佛
南无蓋行佛　南无寶蓋佛
南无星宿王佛　南无善星宿佛
南无光明輪佛　南无明王佛
南无光明上勝佛　南无无邊見佛
南无勝佛　南无无邊境界奮迅佛
南无无障㝵吼聲佛　南无大雲光明佛
南无羅網王佛　南无善得平等光明佛

南无羅網王佛　南无善得平等光明佛
南无波頭摩勝華佛　南无山王佛
南无月衆增上佛　南无高光明佛
南无合聚佛　南无不空光明佛
南无頂勝王佛　南无北方不空然燈佛
南无不空奮迅佛　南无不空境界佛
南无不空光明佛　南无无邊精進佛
南无莎羅自在王佛　南无寶莎羅王佛
南无普蓋佛　南无蓋莊嚴佛
南无寶積佛　南无栴檀屋佛
南无旃檀香佛　南无无量光明佛
南无光明輪莊嚴孫留佛
南无无障㝵明佛　南无无量明佛
南无寶成就佛　南无一切功德佛

南无寶成就佛　南无一切功德佛
南无佛華成就功德佛
南无善住慧佛　南无无量步佛
南无空勝佛　南无寶步佛
南无无邊脩行佛　南无无邊莊嚴勝佛
南无虛空輪光明佛　南无无量聲佛
南无藥王佛　南无无畏佛
次礼十二部尊經大藏法輪
南无枯樹經　南无當來變經
南无放牛經　南无七真罪經
南无相漬經　南无灌食經
從此以上二千四百佛十二部經一切賢聖
南无本文文經　南无目連問經
南无持成而經　南无太子思休經

南无□□□经
南无持成而经
南无忍辱经
南无雜池经
南无孔雀王呪经
南无重生太子慕魄经
南无惟意長者子经
南无梵網長者子经
南无涅梨经
南无月光童子经
南无勝鬘经
次礼十方諸大菩薩摩訶薩
南无勝山菩薩
南无賢首菩薩
南无勝謙菩薩

南无□□邏□经
南无太子思休经
南无微密经
南无菩薩经
南无迦羅子经
南无弥勒成佛经
南无龍女经
南无燎滿经
南无沙弥五母子经
南无太子須達拏经
南无賓頭盧经
南无光山菩薩
南无功德山菩薩
南无那羅延菩薩

南无勝謙菩薩　南无那羅延菩薩
南无龍德菩薩　南无龍勝菩薩
南无住持色菩薩　南无摩留大菩薩
南无入切德菩薩　南无然燈菩薩
南无常舉手菩薩　南无光明常王菩薩
南无寶手菩薩　南无普光菩薩
南无星宿王菩薩　南无金剛菩薩
南无不動花步菩薩　南无步三界菩薩
南无无邊步奮迅菩薩　南无海慧菩薩
南无善光无垢住持威德菩薩
南无智山菩薩　南无常觀菩薩
南无高精進菩薩　南无遠多羅菩薩
南无无邊陁羅菩薩　南无因陁羅菩薩

南无无邊陁羅菩薩　南无因陁羅菩薩
南无无量明菩薩　南无勇力菩薩
南无寶藏菩薩　南无歸命如是等十
方世界无量无邊諸菩薩
次礼聲聞緣覺一切賢聖
南无漏辟支佛　南无憍慢支佛
南无盡憍慢辟支佛　南无親辟支佛
南无得脫辟支佛　南无无垢辟支佛
南无獨辟支佛　南无雞畫辟支佛
南无能作憍慢辟支佛　南无退辟支佛
南无不退去辟支佛　南无尋辟支佛
歸命如是等无量无邊辟支佛
礼三寶已次復懺悔
次懺劫盜之罪經中說言若物屬他他所守護

次攝劫盜之罪經中說言若物屬他他所守護
於此物中一草一葉不與不取何况盜竊但自衆
生唯見現在利故以種種不盜而取致使未來受此
殃累是故經言劫盜之罪能令衆生墮於地獄餓鬼
受苦若在畜生則受牛馬驢騾駱駝等形以其所
有身力血肉償他宿債若生人中爲他奴婢衣不蔽
形食不充足貧寒困苦人理殆盡劫盜既有如是苦報
是故弟子今日至到稽顙歸依佛
南无東方壞諸煩惱佛　南无南方妙音自在佛
南无西方大雲光佛　南无北方雲自在佛
南无東南方无緣莊嚴佛　南无西南方過諸魔界佛
南无西北方見无怨懼佛　南无東北方一切德嚴佛
南无上方蓮花藏光佛　南无下方妙善住王佛
如是十方盡虛空界一切三寶

如是十方盡虛空界一切三寶
弟子等自從无始以來至于今日或盜他財寶興刀强
奪或自恃持身逼迫而取或恃公王或假他勢力高
桁大械枉壓良善吞納姦貨枉直為曲為此因緣身
羅憲網或任耶治領他財物侵公益私損彼利此損
此利彼割他自饒口與心悋或竊沒租估偷度關訖匿
公課輸藏隱使役如是等罪今悉懺悔或是佛法僧
物不與而取或經像或治塔寺物或供養常住僧物或
擬招提僧物或盜取誤用恃勢不還或自借或貸人
或復換貸漏忘或三寶物混亂雜用或以衆穀米
樵薪鹽豉醬醋菜茹菓實錢帛竹木繒綵幡蓋
香花油燭隨情逐意或自用或與人或摘佛花菓
用僧鬘物因三寶財私自利已如是等罪无量无邊
今日慚愧皆悉懺悔

今日慚愧皆悉懺悔
又復无始以來至於今日或作周旋朋友師僧同學父
母兄弟六親眷屬共住同止百一所須更相欺罔或
於鄉隣比近移籬拓墻侵他店舍改摽易相侵略田
園因公託私奪人邸店以屯野如是等罪今悉懺悔
又復无始以來或攻城破邑燒村壞柵偷賣良民
誘他奴婢或復枉壓罪人使其形岨血肉身被徒鏁家
業破散骨肉生離分張異域生死隔絕如是罪无
量无邊今悉至到顛皆消滅
又復无始以來至於今日或商估博貨邸店市易
輕秤小斗減割尺寸盜竊分銖欺妄圭合以麁易
好以短換長巧欺百端希望毫利如是等罪今悉懺悔
又復无始以來至于今日穿窬墻壁斷道抄掠底捍
債違負情要面欺心或非道求集現神鬼

又復无始以来至于今日穿窬墻辟断道抄掠抵捍
債主負情違要面欺心口或非道陵奪鬼神禽
獸四生之物或假託卜相取人財寶如是乃至以利求
利惡求多求无猒无足如是等罪无量无邊不可說
盡今日至誠向十方佛尊法聖衆皆悉懺悔
願弟子等承是懺悔劫盜等罪所生功德生生世世
得如意寶常雨七珍上妙衣服百味甘露種種湯
藥隨意所須應念即至一切衆生无偷奪想一切皆
能少欲知足不耽不染常樂惠施行急濟道頭目髓
腦如棄涕唾迴向滿足檀波羅蜜 礼佛一拜

佛名經卷第三

BD00462 壁畫榜題（擬）

BD00462v 雜寫

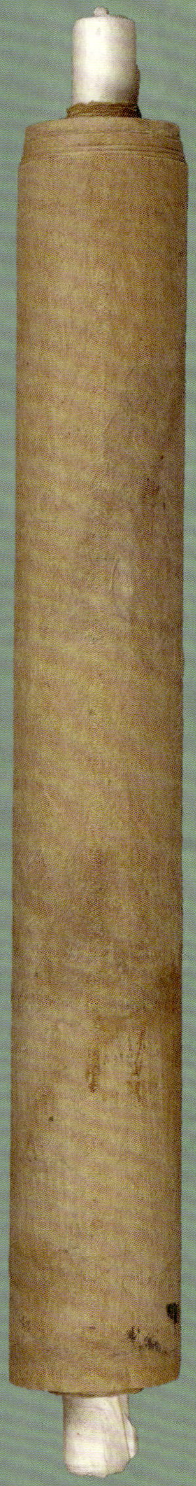

424.1cm × 28.5cm

主七寶具足爾時■■■■■■■ 往昔有天國名■
■■■■■■二十■■■■■太子
■■■懃賀■時 王■四乳母時 ■■
■象時 ■山林神■■太子時
太子生■■■好喜布施廣施諸■■ ■寺 太子至年十六娉妻■■
太子好施■■■ 太子書■祈
王為太子別作宮室時 并為■■■■ 女也歸正無憂時 太子
王城天王釋化作貧窮之人路傍而立太子見以迴車入宮愁憂不樂思大
布施時 時婆羅門至太子宮門乞能■象 太子施時 ■■■■■
應募往太子所乞能■象時 八婆羅門乞得白象名須檀■ 迴能破惡
■■
敵■■■歸 國中諸臣聞太子以白象施怨家來白■言太子以象布施
時恐失國時 王■遂■太子善■■■時 太子敬■■大臣綠女送別時
太子既告婆羅門閑人欲逐乞時 太子前行以遠婆羅門來 從乞馬太子
以馬施之 復有婆羅門來乞太子■■ 上寶衣施時 太子以二子著車
上妃於後推自於轅中■挽而去婆羅門來乞車太子與時 太子布施既
■辭大王訖與大臣國人悲泣別時 二万夫人請留太子七日布施時 ■■
■時 太子■施衣物車馬並盡心無■■各抱兒女去時 太子前行

物將 太子布施衣物車馬並盡心無有悔吝抱兒女去時 太子前行
婆羅门又乞太子以兒女衣裳布施時 太子復逢婆羅门来乞以妃衣
裳布施時 太子入山禽獸歡喜從太子時 太子入慈三昧有山褆承太子
与妃褰裳而度令水復流時 太子語妃曰吾移我著檀特山中於此留
者違文王命非孝子也遂至城去 檀特山去波國三千餘里去處
曠遠大若飢渴時 天帝釋化作城郭迎太子入時 檀特山下有浮水去
[illegible]耳住太子不肯至心發願水為之淺檐負而兒女褰裳去時
時婆羅门入山逢一獵師問太子所在獵者素知太子坐施婆羅门故從
在山中使縛著樹上搖打時 時二男女水邊共禽獸戲男取[illegible]
騎師子上墮地傷面血出獼猴取菉城西以水洗時
道人即指示處所作草屋止男女拾菓跪授与太子時作三草屋男[illegible]
草衣女著鹿皮衣 山中有一道人名[illegible] 有德太子作禮道人言山中諸
云何將妻子去 男嫂答曰討有我人何當[illegible]二人日[illegible]不及[illegible]迎 時天王釋化
婆羅門從太子乞妃太子曰善[illegible]不旋妻時 男嫂採菓[illegible] 種齋草歸來未[illegible]
敗善心化作師子令不前時 時婆羅门[illegible] 從太子乞男女太子与時婆羅門從主去
綺与時 太子遂兒女以諸禽獸至舊處諸禽獸悲號懇辯時 [illegible]

綺与時　太子送兒女以諸禽獸至舊戲處諸禽獸悲鳴忍舞時

婆羅門聞太子好施(施往)乞男女為奴婢時　婦送罵二個兒將此王種握要求可使

時求鳩留國有窮婆羅門有端正婦索奴婢時　婆羅門乞得太子男女入城

去時　時婆羅門將堤頭兒女不肯去以杖撻之血流污地時　毋未見兒

自採時　時婆羅門乞得妃以知太子不悔行至七步却迴還妃令寄此妃莫与

人也太子曰何為不取豈有惡也婆羅門曰我非婆羅門是天王釋故相試耳

隨張

第二

佛昔因作天國王雨霞度育人物豊樂無極王心念曰雖給濟財

無有法教即轉宣令誰能与我法者索者不違 王引夜

入内令坐高座合掌請法夜叉答曰學法事難云何直余欲得聞知

入内令坐高座合掌請法夜叉答曰他學法事難云何直爾欲得聞法
王曰所須不逆夜叉曰若能与我所愛妻子食者乃与汝法 時王
即以所愛妻兒供養夜叉夜叉得以於高座上取而食之諸臣百
官啼哭懊惱轉于地時此大國王名脩樓婆
時毗沙門化
作夜叉火從口出來詣宮門口白宮言我能說法
王聞歡喜
出迎時 時王禮以慰問夜叉時 王使人書寫遍傳處處宣示時
[illegible]
夜叉食以為說偈 一切行無常 生者皆有苦 五陰空無相
無有我我所 王大歡喜心無悔 捨女 毛毿許即便書寫閻浮提
内藏使誦習時 毗沙門還其妻子國王取得妻聽時法 時毗沙門
還復本形讚言善哉甚奇甚特夫人太子由存如故還帝於王
我相識因爾時國王脩樓婆者即今世尊釋迦牟尼佛是
婆羅門還太子妃令其在此東冀与人我非婆羅門是帝釋即復
本 形為天帝釋問其妃曰欲何等願妃乞三願一者將我兒去
願賣著我本國中 二者令我二兒不苦飢渴 三者令我及子早得
還國 天王釋言當如所願 太子言願令眾生皆得度脫生老病死
之
釋言大哉所願非我所及
婆羅門行賣男女至葉波國大臣
二手王言何故言義

禪言大哉所斷非我所及　婆羅门行賣男女至葉波國大臣諫
妬奪有長者諫太子施之不可奪也可白王知時　二百王言何故言我
女貴兒言後宮綵女被服珍寶飲食百味王有一子遂之深山覓得紅男我
女貴時　大臣大白王太子兩孫今為婆羅门所賣王問大婆羅门
及兩孫入受國問言何因得此兒女婆羅门曰從太子乞得王呼兒女携
孫不就王問兒女何緣錢婆羅门未會兒得抱言男直銀錢一千特牛五百
女直金錢二千特牛　王問兒女言悲感我便將勑書追太子來時
太子入宮辭覲於母母曾布施遂致作介爾時王者韜擿裡是母扇不共先
眼在我是何州隨目連是男耶是女耶　剎世是婆羅门今調達是
使人馳驛往王宮時　使人出王宮门時　使人路逢深水但念太子即渴
樂時　婆羅门將男女衛賣去後於中禽獸寃轉悲啼時
使人將書与太子行勑讀書時初太子不肯應命呈從我出中一十二年出
年我不喜速重得勑乃去　使人尋水到太子所　王乘白象
迎太子時　太子與妃俱還葉波國慈家闍太子還遠使將
所乞白象金銀鉢粟中給悔謝太子曰如今有味令吐之伏地出寸
更人敵汝國王勞屈相問時　使婆羅门乘象歸國見白象
王ミ聞歡喜兩國和可時　第四　往昔有大國王安虔闍婆我世ミ令

王王聞歡喜，兩國和可。時第四 往昔有大國王名虔闍尼婆梨世、令
諸國人民豐樂，王心欲以法寶施人，宣令編然：誰有妙法與我說者，當給
所須，隨其所欲。時王請婆羅上坐，合掌請法。婆羅門曰：我之
智慧精學不易，云何直介欲聞？王曰：所須不逆。勞度叉曰：能於
身上安燃千燈者，乃為汝說。王聞歡喜。時二万夫人、二万大臣合掌
諫曰：有命之類，依恃大王，如孩仰母，於燈千必不全濟，云何為一婆羅
門棄此世界？王曰：勿遮我心。
王語近臣：宣令告示，訪知法人。時 時波安羅門
名勞度叉來應王命，王喜出迎禮時。諸小國王懷憂來諫時。天帝釋下
讚嘆問曰：今者苦救，心中悔不？王言：無也。釋曰：今觀王身戰悼，自言無
悔，誰當知之？王設誓言曰：我心不悔，身瘡平復。王即遣人乘六千象告諸
一切：虔闍婆梨王却後七日為法剜身以燃千燈時。王立誓以身體平復尒
時國王虔闍尼婆梨者，即今釋迦牟尼佛是也。尒王欲剜身，諸技地王
請說法，勞度叉即說偈：常者皆盡，高者亦墮，合會有離，生者有死。
說此偈以剜身燃燈時。諸天雨花供養王時。世尊往昔作大國王，名毗楞竭
梨，典今諸國王好正法，即遣宣令：誰有經法為我說者，當隨其意。
王列婆羅入宮時。乃與汝說，王即可之。尋時人乘一千里象，遍告一切閻浮提內：
毗楞竭梨大王却後七日當於身上琢千鐵釘時。於時王語婆羅門：願先
說法，於後下釘，我命儻終，不及聞法。時勞度叉便說偈言：一切皆无常
……婆羅門時至大

說法於後下釘我命儻終不及聞法時勞度叉便說偈言 一切皆無常
生者皆有苦 諸法空無主 實非我所有 爾時大王引婆羅門將至大
殿敷施高座請令就坐合掌白言唯願大師當為說法勞度叉曰我
學勞苦云何直耳欲聞若能身琢千釘 有婆羅門名勞度叉曰言我有法
王聞歡喜出迎作礼時 臣民聞之宮中綵女而諫於王唯願大王以我等故
莫為一人而取命終孤棄天下王報之曰云何汝等遮我道心 說偈以
於身上琢千鐵釘時諸小王群臣以身投地如太山崩地六震動諸天雨
花以為供養時天帝釋來下問言無悔恨也王立誓言我心无悔身體還
復語以平時復 天帝問王勇猛精進為於法故欲何所求欲作帝釋轉輪
聖王魔王梵王也 王曰我之所為不求三界受報之樂所有功德用求佛道
第五扇 過去久遠有大國王名曰梵王有太子
字曇鉗好樂正法 爾時太子求法不獲愁悶 時
到婆羅門坐合掌請法婆羅門言學事甚難云何直耳欲聞太子曰
所須者勅婆羅門曰作十丈火坑投之乃說 群臣綵女諫喻太子曉婆
羅門唯願慈悲勿令太子投於火坑所須當與婆羅門言吾不相違
能者為說不能不說 時天帝釋化作婆羅門時 化婆羅門謂王言
門言我如法太子出迎樓之礼時 遣使推求周遍四方 了不能得

门言我如法太子出遊樓之乱時　遣使推求周遍四方　𭁈不能得
即遣使者乘八千里象告閻浮提時　衆各黙然輙自放身投於火坑
天地大動虛空諸天嘷哭淚下如雨即是火坑變成花池太子於中坐蓮
花臺諸天雨花乃至悲梵天大王淨飯王是安摩耶是太子墨摩
鈌是今釋迦牟尼佛是　說是偈以使欲投火尒時帝釋并梵天王是
提一手而渡難之閻浮提內一切生類賴太子恩莫不得所今欲投火天下盡遣久衰
辜弃一切尒時太子報天王及諸臣民云何為遮我無上道心　尒時太子立
火坑上白婆羅门願為我說我命使終不及聞法時婆羅门即便為說
常行於慈悲　除去恚害相　大悲愍衆生　矜傷為兩淚　脩行大慈心
同己所得法　救護以道心　乃應菩行　時鬱多羅聞以歡喜敬如
來教即剥身皮析取其骨以血和墨仰白之日今正是時唯願速請時婆
羅门便說此偈　當常攝身口　而不殺盜婬　不兩舌惡口　忘言及綺語
心不貪諸欲　无嗔恚妄相　捨利諸邪見　楚為菩行　說是偈以白曰
書取遣人百寫閻浮提內一切人民咸使讀誦如說脩行　過去无量阿僧
祇劫波羅柰國有五百仙人師名鬱多羅恒思正法　宣告誰有正法為我說
者隨其所須有婆羅门來應之言吾有正法仙言唯願為說婆羅门言學
法事難云何直耳欲聞若能剥皮為紙削骨為筆用血為墨寫法者乃說
佛昔過去脩菩行住雪山中唯食諸草思惟坐禪時天帝釋見以念言

佛昔過去脩菩薩行住雪山中進食諸草思惟坐禪時天帝釋見以念言
菩提之心難成易壞我今旋之旋如易金三種試以乃知其真
菩薩藉根食餅　尒時帝釋從天而下試菩薩時　是時菩薩即上高山
投身而下未至於地時虛空中出種種聲　尒時羅剎還復釋身
畏於空中接取菩薩安置平地　即變自身為羅剎像而說半偈
諸行無常　是生滅法　羅剎曰汝可說法時施我身　尒時帝釋執菩薩足
讚言善哉真是菩薩大利益無量眾生欲於無明黑闇之中然大法炬
由我愛惜如來大法故相嬈惱唯願聽我懺悔罪咎　是苦行者聞是說
於心大歡喜即說偈言誰聞如是解脫之門作是請以唯見羅剎滿
聞言大王何處得是半如意珠羅剎曰我甚飢渴菩薩問言所食何物曰唯
人血宍菩薩言願說餘義我當捨身羅剎即說　生滅滅以　寂滅為樂
菩薩聞[illegible]以於石壁處處書　諸行無常　是生滅法　寂滅為樂
生滅[illegible]　[illegible]滅滅以

第六

時王使又彙八千里象閻浮提一切人時　昔無量劫於閻浮提作大王國名曰尸毗王
所住城號提婆跋提豐樂無極時尸毗王主八万四千諸小國王八千億聚落有二万夫
人五百太子一万大臣行大慈悲矜及一切　時天帝釋五衰相見毗首羯磨即前
白言何為憂色　天帝釋報吾將終矣世間無佛無所歸依羯磨白言有

[illegible]
白言何為憂色　天帝釋報吾將終矣世間无佛无所歸依羯磨白言有
大國王名曰尸毗行菩薩行　帝釋復言若是菩薩先當施之汝化作鴿我
變作鷹急追汝後相逐詣彼大王坐處便求擁護以此試之即知真偽今驗心
鴿被鷹逐急投王腋下鷹白王言應速還我王曰吾誓度一切終不與
汝王言與汝餘宍鷹曰得新熱宍我乃食之王即取刀割其股宍持留
鷹鷹曰以宍貿鴿宜稱使停即取秤來置鴿一頭所割身宍以置
一頭宍輕鴿重全身上秤乃得停等　王見鴿重宍輕全身上秤乃得停等是時
天地六種震動諸天帝笑淚下如雨諸天雨花而以供養時天帝釋還復
本形問曰如是苦行欲求輪轉聖王帝釋魔王也王曰不也唯求佛道釋
曰痛徹骨髓將無悔也王曰我无悔心使我身體平復如故誓訖平復
王爲宍盡秤由不平全身欲上悶提絕倒地除自穌乃起上秤時
國夫人有三王子　昔有國王名曰大車有其三子一名摩訶波羅次名摩訶
提婆次子名曰摩訶薩埵　其三王子遊賞山林至大竹林於第一王子曰我
於今思甚驚惶第二王子曰我於自身无恡惜三子曰无憂
此三子欲復前行見一餓虎產生七子諸子圍遶第三子言此虎飢餓所逼
恐□食子薩埵言此虎常食何物答言唯食血宍　長三子俱捨而去

此三子欲復前行見一餓虎
乞思敍子薩埵言此虎常食何物答言唯食血宍是三子俱捨而去
時有大臣即以有王子捨身之事具白王知王及夫人聞此事以不勝悲咽
薩埵王子念欲捨身憲其兄等作諸難即白二兄等前去我且於後
是夫人彼高樓上夢乳被割得三鴿鶵一為鷹奪悟以大愁　時王命駕驅
趣竹林捨身之地時王迴駕悲泣趣宮時　時王在路仰天而哭趣捨身
地時　今時薩埵迴取竹林　是時二兄見大地動處其捨身但迴竟兄
王及夫人至捨身處盡並悲號哭驚悶不御收取菩薩遺身舍利起塔
波命駕迴時　脫其衣裳掛竹林上即上高山投身虎前是時大地六
震動是時餓虎食噉盡　見其衣裳在竹林上體骨及髮處處縱
攢見一同絕投身骨上舉手襄號死而方穌　第七扇
過去無數劫有大國王名曰月光統閻浮提八万四千國王所住城名曰賢
壽王坐正殿念設大會隨須書与　即擊金鼓告遠近知　須
衣与衣須食与食金銀寶物隨病衣藥一一所須播意与之
時々貧窮孤老並雲集時　諸衣物時　施貧弱食時　王勅

時人貧窮孤老並雲集時　施衣物時　施貧弱食時　王勑
內庫運出綵帛用布施時　邊小國王名毗摩斯那聞月光
王媚稱高大心懷嫉妒即自思惟月光不除我名不出召梵志
供設百味令往除之梵志不肯王下令曰誰能爲我得月光王
頭分半國語　梵志日月光王慈悲恩惠禪定自煞身不能爲此逐
散去時　時婆羅門名勞度叉來應王時命時毗摩羨斯王聞月光
王死心烈死時　月光王國中有憂怪雷電霹靂地動星落諸
小國王各感惡夢時　諸天與夢覺驚言時　即勑王人作今頭時
大月大臣即自思惟此婆羅門必乞王頭作寶七寶各五百頭
用貿易之時　首陀會天知月光王以此頭施於樹得滿時　時城
門神知婆羅門欲乞王頭遮不聽入時　時婆羅門得辯衣粮辭
王去時　小王夢見月光王金幢折金鼓破裂時　婆羅門往
殿前唱言我遠聞王一切布施故遠來乞王聞歡喜所欲不違
婆羅門曰欲得王頭王言却後七日當與爾頭大臣請換與七寶頭

婆羅门曰欲得王頭王言却後七日當与汝頭大臣請換与七寶頭
天於夢中而語王言汝誓布施乞者在门王覺悟然即勅
諸门勿遮乞人婆羅门得入宮门時　時諸大臣及王夫人悶地
諫王王莫爲一人永舍衆庶王曰莫遮我心王□婆羅门當智彼
薗王以髮繫樹雲其斫取樹神見此以手搏婆羅门失刀在
地時　時是王語樹臣我此樹下曾捨九百九十九頭兼此一千莫
遮我心樹神聞以不遮婆羅门起取刀斫王頭頭隨手中天六種
震種時　婆羅门將王頭去近臣䌽女戀慕啼哭自投於地時
諸王感來共諫大王時　時婆羅门聞毗摩羡王死氣吐血而死弃頭
於地　王許婆羅门頭以遣棄八千里象遍告天下却後七日王欲施頭
時　第八扇　過去无數時有大國日名快目令閻浮提王有
太子名曰式賢其國豐樂勅出庫藏齋行布施　時勞陁
達拜決目王即善之立為大臣請兵往罰王即許之　即竪金幢
擊大金鼓宣王慈教時　出其庫金藏銀寶物衣被飲食所須

[illegible]
擊大金鼓宣王慈教時　出其庫金藏銀寶物衣被飲食所須
之具着於城門及積市中遍行宣令一切人民有所之者皆悉來
取　有邊國王名波羅陁跋孫㨂遠懷慢不順王化其政失度
受性倉卒少於思慮耽荒色欲不理國事王有智臣名勞陁
達以此諫王王聞嗔恚不從其言　達自念言不受諫儻復見害
即投大國　時勞達陁得為大臣説波羅陁跋孫無道請兵
問罪王勑有司善發兵馬時　勞陁達入見王時　時勞陁達
見王嗔諫即乘疾馬投決目王小王出兵追捉勞陁達善知射
術凡十八術兵衆雖遂不能敢近逕得徹倒富迦羅跋見決目王
時決目王遣人語之閻浮提内都勑發兵當盡汝國汝安坐耶
波羅弥聞愁悶迷憒有輔相婆羅门問王何憂王曰前勞陁達
決目王遣發兵來滅我國曰彼王好施當乞其眼　時決目王國種種
怪見空中有聲擲雷星落陰霧霹靂飛鳥悲鳴師子虎狼處處
哮吼臣民怪之時婆羅门斬到殿前白言聞王好施我今乞眼王曰

哮吼臣民惶之時婆羅门衝到殿前白言聞王好施我今乞眼王曰
大善　婆羅门入王城時　野獸鳴吼時　王受輔相計令三日婆羅门
往決自王所乞眼去時　旨婆羅迴到本國婆羅施跋弥自出迎之[illegible]
得眼不荅言得眼王存在不荅言諸天來下手復汝數聞憤結而死
諸王臣民聞王令以菩來奔詣大王所時　時夫人悲號啼[illegible]問王
剜眼甚痛豈有悔不王自誓言我无悔恨誓不虚者令我兩眼
平復如故誓以平復　王令惟覔黑色下視者拔刀令使剜眼者
王掌中施婆羅门接取安眼匡中即得見物婆羅言得眼足
王便剜一眼施婆羅门　王即言令　却後七日我當剜眼施婆羅
门諸欲來者悉得時集諸王臣民以身投地腹指王前流淚而[illegible]
王迴言莫以眼施王言汝勿遮我无上道心第九　昔去久遠阿僧
祇劫此閻浮提有大國王名曰慈力領八万四千小國王有二万
夫人一万大臣以十善化人　猶脩善救神護時　時有疫鬼人
血氣用自濟活余時人民脩行十善惡疫不敢侵近時五
[illegible]

由氣因由衛活於時人民俻行十善惡疫不敢侵近時五
野叉王刺血脉施今食之　時王宣制集國內人食民害
行十善時　善神讓門時　時諸人民俻行十善度見
不敢侵犯時　如善薩奈身月作毒龍衆生若前躬
親噓即死毆惡龍身於比丘處受一百戒時　既受戒
已入林樹間思惟坐久疲懈睡時還復蛇身文章雜色鴉
者見憘剝皮取時　以力剝皮龍自念言我能傾覆此國以
持戒故喘不視自取命無令時毒龍即佛身是也　過去无量
阿僧祇劫波羅柰國有王名曰歌利此王無道王與四大
臣并諸綵女入山遊戲時　時王疲乏遂就林中暫時眠息時
綵女遊戲遇仙人時　其忍辱仙人與五百眷屬山中說法
綵女就聽寤已見就仙人聽法王嗔語諸汝得禪四空定耶仙言
未得文　問汝得四无量耶仙言亦不得　時王忿言汝既未得如是
功德云何汝今觀我女色遂即遣人截汝耳鼻是時仙人
五百眷屬飛騰虛空言大師將不退耶仙言我今能忍
不退也　時王拜跪懺悔過罪德王曰我今无嗔何嫌之有王曰

不退也　時王拜跪悔過罪愆王曰我今无身何悔之有王曰

何以證知曰若實不復如故處乎　時王迴駕天龍瞋怒

雨沙礫石王乃怨怖迴駕就忍辱仙悔過去時

第十扇　去此雷山五百由旬有一城名為輸羅波闍

設無遮大會　時婆羅門女善友樓上遙望見

舊聞衆彼佛告侍者言是人過於卅劫後當得作佛号釋迦牟尼

我念往昔有一如來出現於世号曰尸棄我於彼時將无價衣覆彼佛上

彼佛告侍者言是人過於卅一劫當得作佛号釋迦牟尼　讓明菩薩

彼佛告侍者言是人過於世一劫當得作佛号釋迦牟尼 讓明菩薩
下生降神時 我念往昔於迦葉佛邊行於梵行求來世阿耨多
羅三藐三菩提得一生補處記受盡上昇兜率陁天時 是時閻浮提
地有五百辟支佛聞此聲已飛騰虛空相共往詣波羅柰城至彼處
已各各現五種神通踊身虛空出於烟焰次第說偈捨於壽命入
般涅槃 時護明菩薩一心正念從兜率下託淨飯王家大夫人摩耶右脇
安隱而入 是時天人魔梵一切世間光明普照大地山河六種震動
夫人夢已明旦白王作如是夢當入於我右脇之時我受快樂昔所未有即
召相師占之相師說偈 若毋人夢見 白烏入右脇 彼毋所生子 三界无極尊
白象其頭朱色七枝拄地以金裝牙乘空而下入於右脇 是時夫人於睡眠
中夢見六牙 是時摩耶夫人白淨飯言我於今夜欲受八禁清淨齋戒王
即報言隨夫人心所樂者行 拘睒彌城 毗耶離城 摩伽陁國 毗闍羅國
王舍大城 波羅柰城 舍婆提城 弟十一扇 時王設无遮會於城門外施貧乏之時
時淨飯王聞婆羅門說已心大歡喜於迦毗羅城設无遮會須食与食須
衣与衣利益太子行 阤私阤仙相太子時悲泣雨淚自恨老朽不覩佛興

衣与衣利益太子行　阤私阤仙相太子時悲泣而淚自恨老朽不覩佛興
時淨飯王迎子入已即召相師迎占相之占已白王大王今者得大衆利如與
太子有卅二大丈夫相　時阿私阤仙相太子已悲泣懊惱恨不見佛還太子時
迦毗羅城内廣施貧之飲食時　憂善飛居去城不遠山名頞阤於中有
更下名阿私阤於彼山住以彼山故即稱仙人名阿私阤將一侍者欲往迦毗
羅城相太子　菩薩在胎十月滿足時夫人父善覺長者遣使奏王我女摩
耶懷胎滿足願之歸裘時　摩耶出宮赴母家[illegible]迎時迦毗羅東
門施貧之財物是　時淨飯王聞善覺使作是語已即勅有司於城内
外平治道路香湯灑地又光飾摩耶夫人香花瓔珞莊嚴其身
從諸宮女欲向父家去時　摩耶夫人安穩端坐大白象上諸天化作
寶帳夫人坐去時

BD00462v　雜寫

BD00462v　雜寫

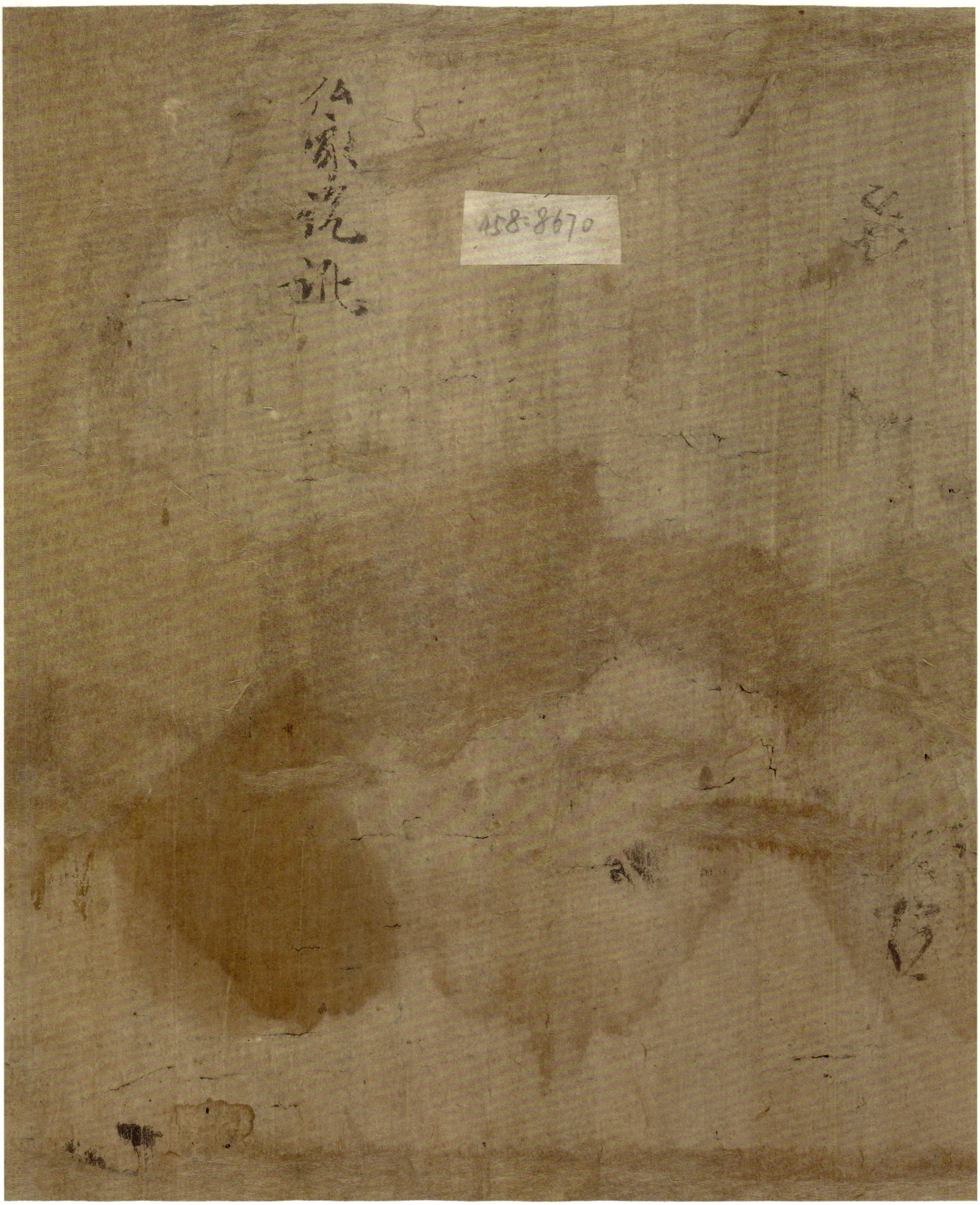

BD00462v　雜寫

BD00463 維摩詰所說經卷上

（後秦）鳩摩羅什 譯

1048.5cm×25.5cm

[illegible]舍樓閣興
三萬二千衆所知識
諸佛威神之所建立
能師子吼名聞十方衆
隆三寶能使不絕降伏魔
清淨永離蓋纏心常安
持辯才不斷布施持戒忍
文方便力无不具足遠
隨順轉不退輪善能
法相知衆生根蓋諸大衆得无所畏功德智慧
以脩其心相好嚴身色像第一捨諸世間所
有飾好名稱高遠踰於須弥深信堅固猶
若金剛法寶普照而雨甘露於衆言音微妙第
一深入緣起斷諸邪見有无二見无復餘習

演法无畏猶師子吼其所講說乃如雷震无
有量已過量集衆法寶如海導師了達諸法
深妙之義善知衆生往來所趣及心所行近
无等等佛自在慧十力无畏十八不共關閉
一切諸惡趣門而生五道以現其身為大醫
王善療衆病應病與藥令得服行无量功
德皆成就无量佛土皆嚴淨其見聞者无不蒙
益諸有所作亦不唐捐如是一切功德皆悉
具足其名曰等觀菩薩不等觀菩薩等不等
觀菩薩定自在王菩薩法自在王菩薩法相
菩薩光相菩薩光嚴菩薩大嚴菩薩寶積
菩薩辯積菩薩寶手菩薩寶印手菩薩常
舉手菩薩常下手菩薩常慘菩薩喜根菩薩喜王
菩薩辯音菩薩虛空藏菩薩執寶炬菩薩寶

舉手菩薩常下手菩薩常慘菩薩喜根菩薩喜王
菩薩辯音菩薩虛空藏菩薩執寶炬菩薩寶
勇菩薩寶見菩薩帝網菩薩明網菩薩无緣
觀菩薩慧積菩薩寶勝菩薩天王菩薩壞
魔菩薩電得菩薩自在王菩薩功德相嚴菩
薩師子吼菩薩雷音菩薩山相擊音菩薩香
象菩薩白香象菩薩常精進菩薩不休息菩薩
妙生菩薩華嚴菩薩觀世音菩薩得大勢菩
薩梵網菩薩寶杖菩薩无勝菩薩嚴土菩薩
金髻菩薩珠髻菩薩弥勒菩薩文殊師利法
王子菩薩如是等三萬二千人俱
復有萬梵天王尸棄等從餘四天下來詣佛
所而聽法復有萬二千天帝亦從餘四天下
來在會坐并餘大威力諸天龍神夜叉乾
闥婆阿脩羅迦樓羅緊那羅摩睺羅伽等

悉来會坐諸比丘比丘尼優婆塞優婆夷俱来會
坐彼時佛與无量百千之衆恭敬圍繞而為
說法譬如須弥山王顯于大海安處衆寶師
子之座蔽於一切諸来大衆
尒時毗耶離城有長者子名曰寶積與五百
長者子俱持七寶蓋来詣佛所頭面礼足各
以其蓋共供養佛佛之威神令諸寶蓋合成
一蓋遍覆三千大千世界而此世界廣長之
相悉於中現又此三千大千世界諸須弥山
雪山目真隣陁山摩訶目真隣陁山香山寶
山金山黑山鐵圍山大鐵圍山大海江河川
流泉源及日月星辰天宮龍宮諸尊神宮悉
現於寶蓋中又十方諸佛諸佛說法亦現於
寶蓋中尒時一切大衆覩佛神力歎未曾有

BD00463　維摩詰所說經卷上

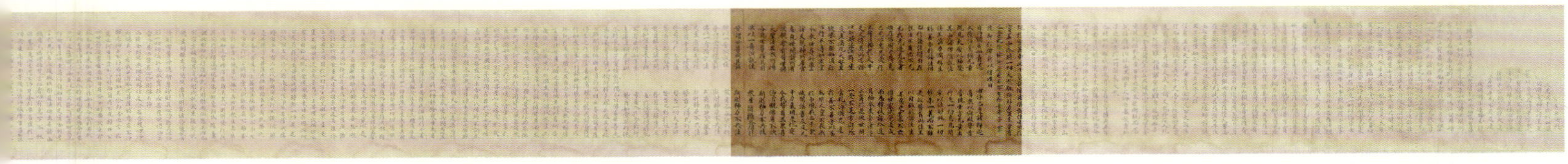

現於寶蓋中又十方諸佛諸佛說法亦現於
寶蓋中尒時一切大衆覩佛神力歎未曾有
合掌礼佛瞻仰尊顏目不暫捨長者子寶
積即於佛前以偈頌曰
目淨脩廣如青蓮　心淨已度諸禪定
久積淨業稱无量　導衆以寂故稽首
既見大聖以神變　普現十方无量土
其中諸佛演說法　於是一切悉見聞
法王法力潤群生　常以法財施一切
能善分別諸法相　於第一義而不動
已於諸法得自在　是故稽首此法王
說法不有亦不无　以因緣故諸法生
无我无造无受者　善惡之業亦不亡
始在佛樹力降魔　得甘露滅覺道成
已无心意无受行　而悉摧伏諸外道

三轉法輪扵大千　其輪本來常清淨
天人得道此爲證　三寶扵是現世間
以斯妙法濟群生　一受不退常寂然
度老病死大醫王　當礼法海德无邊
毀譽不動如須弥　扵善不善等以慈
心行平等如虛空　熟聞人寶不敬承
今奉世尊此微盖　扵中現我三千界
諸天龍神所居宮　揵闥婆等及夜叉
悉見世間諸所有　十力哀現是化變
衆覩希有皆嘆佛　今我稽首三界尊
大聖法王衆所歸　淨心觀佛靡不欣
各見世尊在其前　斯則神力不共法
佛以一音演說法　衆生隨類各得解
皆謂世尊同其語　斯則神力不共法

皆謂世尊同其語　斯則神力不共法
佛以一音演說法　衆生各各隨所解
普得受行獲其利　斯則神力不共法
佛以一音演說法　或有恐畏或歡喜
或生厭離或斷疑　斯則神力不共法
稽首十力大精進　稽首已得无所畏
稽首住於不共法　稽首一切大導師
稽首能斷衆結縛　稽首已到於彼岸
稽首能度諸世間　稽首永離生死道
悉知衆生來去相　善於諸法得解脫
不著世間如蓮華　常善入於空寂行
達諸法相无罣礙　稽首如空無所依
尒時長者子寶積說此偈已白佛言世尊是
五百長者子皆已發阿耨多羅三藐三菩提

心願聞得佛國土清淨唯願世尊說諸菩薩
淨土之行佛言善哉寶積乃能為諸菩薩問
於如來淨土之行諦聽諦聽善思念之當為
汝說於是寶積及五百長者子受教而聽佛
言寶積眾生之類是菩薩佛土所以者何菩
薩隨所化眾生而取佛土隨所調伏眾生而
取佛土隨諸眾生應以何國入佛智慧而取
佛土隨諸眾生應以何國起菩薩根而取佛
土所以者何菩薩取於淨國皆為饒益諸眾
生故譬如有人欲於空地造立宮室隨意无
礙若於虛空終不能成菩薩如是為成就眾
生故願取佛國願取佛國者非於空也寶積
當知直心是菩薩淨土菩薩成佛時不諂眾
生來生其國深心是菩薩淨土菩薩成佛時

生來生其國深心是菩薩淨土菩薩成佛時
具足功德衆生來生其國大乘心是菩薩淨
土菩薩成佛時大乘衆生來生其國布施是
菩薩淨土菩薩成佛時一切能捨衆生來生
其國持戒是菩薩淨土菩薩成佛時行十善
菩薩淨土菩薩成佛時滿願衆生來生其國忍辱是
菩薩淨土菩薩成佛時卅二相莊嚴衆生來生其國
精進是菩薩淨土菩薩成佛時勤脩一切功德衆
生來生其國禪定是菩薩淨土菩薩成佛時
攝心不亂衆生來生其國智慧是菩薩淨土菩
薩成佛時正定衆生來生其國四无量心是
菩薩淨土菩薩成佛時成就慈悲喜捨衆
生衆生其國四攝法是菩薩淨土菩薩成佛
時解脫所攝衆生來生其國方便是菩薩淨

土菩薩成佛時於一切法方便无㝵衆生來
生其國卅七道品是菩薩淨土菩薩成佛時念
處正勤神足根力覺道衆生來生其國迴向
心是菩薩淨土菩薩成佛時得一切具足
功德國土說除八難是菩薩淨土菩薩成佛
時國土无有三惡八難自守戒行不譏彼闕
是菩薩淨土菩薩成佛時國土无有犯禁之
名十善是菩薩淨土菩薩成佛時命不中夭
大富梵行所言誠諦常以軟語眷屬不離善
和諍訟言必饒益不嫉不恚正見衆生來生
其國如是寶積菩薩隨其直心則能發行隨
其發行則得深心隨其深心則意調伏隨意
調伏則如說行隨如說行則能迴向隨其迴向
則有方便隨其方便則成就衆生隨成就
衆生則佛土淨隨佛土淨則說法淨隨說

則有方便隨其方便則成就衆生隨成就
衆生則佛土淨隨佛土淨則說法淨隨說法
淨則智慧淨隨智慧淨則其心淨隨其心淨
則一切功德淨是故寶積若菩薩欲得淨土
當淨其心隨其心淨則佛土淨
尒時舍利弗承佛威神作是念若菩薩心淨
則佛土淨者我世尊本為菩薩時意豈不淨
而是佛土不淨若此佛知其念即告之言於
意云何日月豈不淨邪而盲者不見對曰不
也世尊是盲者過非日月咎舍利弗衆生罪
故不見如來佛國嚴淨非如來咎舍利弗我
見此土清淨而汝不見尒時螺髻梵王語舍利弗
勿作是意謂此佛土以為不淨所以者何我見
釋迦牟尼佛土清淨譬如自在天宮舍利弗

言我見此土丘陵坑坎荊棘沙礫土石諸山
穢惡充滿螺髻梵言仁者心有高下不依
佛慧故見此土為不淨耳舍利弗菩薩於一
切眾生悉皆平等深心清淨依佛智慧則能
見此佛土清淨於是佛以足指按地即時三
千大千世界若干百千珍寶嚴飾譬如寶莊
嚴佛无量功德寶莊嚴土一切大眾歎未曾
有而皆自見坐寶蓮華佛告舍利弗汝且觀
是佛土嚴淨舍利弗言唯然世尊本所不見
本所不聞今佛國土嚴淨悉現佛語舍利弗
我佛國土常淨若此為欲度斯下劣人故示
是眾惡不淨土耳譬如諸天共寶器食隨其
福德飯色有異如是舍利弗若人心淨便見
此土功德莊嚴當佛現此國土嚴淨之時寶
積所將五百長者子皆得无生法忍八萬四

此土功德莊嚴當佛現此國土嚴淨之時寶
積所將五百長者子皆得无生法忍八萬四
千人發阿耨多羅三藐三菩提心佛攝神足
於是世界還復如故求聲聞乘三萬二千天
及人知有為法皆悉无常遠塵離垢得法眼
淨八千比丘不受諸法漏盡意解

方便品第二

尒時毗耶離大城中有長者名維摩詰已曾
供養无量諸佛深植善本得无生忍辯才无
礙遊戲神通逮諸摠持獲无所畏降魔勞怨
入深法門善於智度通達方便大願成就明
了衆生心之所趣又能分別諸根利鈍久於佛
道心已純淑決定大乘諸有所作能善思
量住佛威儀心大如海諸佛咨嗟弟子釋梵

世主所敬欲度人故以善方便居毗耶離資
財无量攝諸貧民奉戒清淨攝諸毀禁忍
調行攝諸恚怒以大精進攝諸懈怠一心禪
寂攝諸亂意以决定慧攝諸无智雖為白
衣奉持沙門清淨律行雖處居家不著三界示
有妻子常脩梵行現有眷屬常樂遠離雖
服寶飾而以相好嚴身雖復飲食而以禪悅為
味若至博弈戲處輒以度人受諸異道不毀
正信雖明世典常樂佛法一切見敬為供養
中最執持正法攝諸長幼一切治生諧偶雖
獲俗利不以喜悅遊諸四衢饒益衆生入治
正法救護一切入講論處導以大乘入諸學
堂誘開童蒙入諸婬舍示欲之過入諸酒肆
能立其志若在長者長者中尊為說勝法若
在居士居士中尊斷其貪著若在刹利刹利

能立其志若在長者長者中尊爲說勝法若
在居士居士中尊斷諸貪着若在剎利剎利
中尊教以忍辱若在婆羅門婆羅門中尊除
其我慢若在大臣大臣中尊教以正法若在
王子王子中尊示以忠孝若在內官內官中
尊化政宮女若在庶民庶民中尊令興福力
若在梵天梵天中尊誨以勝慧若在帝釋帝
釋中尊示現無常若在護世護世中尊護諸衆生
長者維摩詰以如是等無量方便饒益衆生
其餘方便現身有疾以其疾故國王大臣
長者居士婆羅門等及諸王子并餘官屬
無數千人皆往問疾其往者維摩詰因以身
疾廣爲說法諸仁者是身無常無無強無力無
堅速朽之法不可信也爲苦爲惱衆病所集

諸仁者如此身明智者所不怙是身如聚沫
不可撮摩是身如泡不得久立是身如炎從
渴愛生是身如芭蕉中无有堅是身如幻從
顛倒起是身如夢為虛妄見是身如影從 業
緣現是身如響屬諸因緣是身如浮雲須臾變
滅是身如電念念不住是身无主為 如 地
是身无我為如火是身无壽為如風是身无
人為如水是身不實四大為家是身為空離
我我所是身无知如草木瓦礫是身无作風
力所轉是身不淨穢惡充滿是身為虛偽雖
假以澡浴衣食必歸磨滅是身為灾百一病
惱是身如丘井為老所逼是身无定為 要當
死是身如毒蛇如怨賊如空聚陰界諸 入所
共合成諸仁者此可患猒當樂佛身所以者
何佛身者即法身也從无量功德智慧生從

共合城諸仁者此可患猒當樂佛身所以者
何佛身者即法身也從无量功德智慧生從
戒定慧解脫解脫知見生從慈悲喜捨生從
布施持戒忍辱精和勤行精進禪定解脫三
昧多聞智慧諸波羅蜜生從方便生從六通
生從三明生從三十七道品生從止觀生從
十力四无所畏十八不共法生從斷一切不善
法集一切善法生從真實生從不放逸生
從如是无量清淨法生如來身諸仁者欲得
佛身斷一切衆生病者當發阿耨多羅三藐
三菩提心如是長者維摩詰為諸問疾者如
應說法令无數千人皆發阿耨多羅三藐三菩
提心

維摩詰經弟子品第三

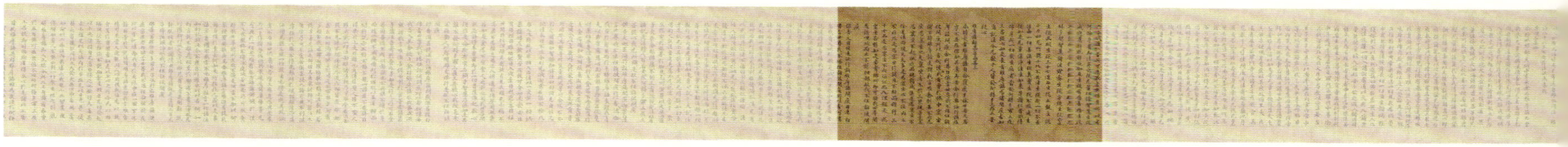

尒時長者維摩詰自念寢疾于林世尊大慈
寧不垂愍佛知其意即告舍利弗汝行詣維
摩詰問疾舍利弗白佛言世尊我不堪任詣
彼問疾所以者何憶念我昔曾於林中宴坐
樹下時維摩詰來謂我言唯舍利弗不必是
坐為宴坐也夫宴坐者不於三界現身意是
為宴坐不起滅定而現諸威儀是為宴坐不
捨道法而現凡夫事是為宴坐心不住內亦
不在外是為宴坐於諸見不動而脩行三
十七品是為宴坐不斷煩惱而入涅槃是為
宴坐若能如是坐者佛所印可時我世尊聞
是語嘿然而止不能加報故我不任詣彼問
疾
佛告大目揵連汝行詣維摩詰問疾目連白
佛言世尊我不堪任詣彼問疾所以者何憶

佛言世尊我不堪任詣彼問疾所以者何憶
念我昔入毗耶離大城於里巷中為諸居士
說法時維摩詰來謂我言唯大目連為白衣
居士說法不當如仁者所說夫說法者當如
法說法无衆生離衆生垢故法无有我離我
垢故法无壽命離生死故法无有人前後際斷
故法常寂然滅諸相故法離於相无所緣故
法无名字言語斷故法无有說離覺觀故法
无形相如虛空故法无戲論畢竟空故法无
我所離我所故法无分別離諸識故法无有
比无相待故法不屬因不在緣故法同 法
性入諸法故法隨於如无所隨故法住實際
諸邊不動故法无動搖不依六塵故法无去
來常不住故法順空隨无相應无作法離好

醜法无增損法无生滅法无所歸法過眼耳
鼻舌身心法无高下法常住不動法離一切
觀行唯大目連法相如是豈可說乎夫說法
者无說无示其聽法者无聞无得譬如幻士
為幻人說法當建是意而為說法　當了衆
生根有利鈍善於知見无所罣㝵以大悲心讚
于大乘念報佛恩不斷三寶然後說法維摩
詰說是法時八百居士發阿耨多羅三藐三
菩提心我无此辯是故不任詣彼問疾
佛告大迦葉汝行詣維摩詰問疾迦葉白佛
言世尊我不堪任詣彼問疾所以者何憶念
我昔於貧里而行乞時維摩詰來謂我言唯
大迦葉有慈悲心而不能普捨豪富從貧乞
迦葉住平等法應次行乞食為不食故應行
乞食為壞和合相故應取揣食為不受故應受彼食

迦葉住平等法應次行乞食為不食故應行
乞食為壞和合相故應取揣食為不受故應
受彼食以空聚想入於聚落所見色與盲等
所聞聲與響等所嗅香與風等所食味不分
別受諸觸如智證知諸法如幻相无自性无
他性本自不然今則无滅迦葉若能不捨八
邪入八解脫以邪相入正法以一食施一切供
養諸佛及衆賢聖然後可食如是食者非
有煩惱非離煩惱非入定意非起定意非住
世間非住涅槃其有施者无大福无小福不
為益不為損是為正入佛道不依聲聞迦葉
若如是食為不空食人之施也時我世尊聞
說是語得未曾有即於一切菩薩深起敬心
復作是念斯有家名辯才智慧乃能如是其

誰不發阿耨多羅三藐三菩提心我從是來
不復勸人以聲聞辟支佛行是故不任詣彼
問疾
佛告須菩提汝行詣維摩詰問疾須菩提白
佛言世尊我不堪任詣彼問疾所以者何憶念
我昔入其舍從乞食時維摩詰取我鉢盛滿
飯謂我言唯須菩提若能於食等者諸法亦
等諸法等者於食亦等如是行乞乃可取食
若須菩提不斷婬怒癡亦不與俱不壞於身
而隨一相不滅癡愛起於明脱以五逆相而
得解脱亦不解不縛不見四諦非不見諦非
得果非凡夫非離凡夫法非聖人非不聖人
雖成就一切法而離諸法相乃可取食若須菩
提不見佛不聞法彼外道六師富蘭那迦
葉末伽梨拘賒梨子刪闍夜毗羅胝子阿耆

提不見佛不聞法彼外道六師富蘭那迦
葉、末伽利拘賖梨子刪闍夜毗羅胝子阿耆
多翅舍欽婆羅迦羅鳩䭾迦旃延尼揵陀若
提子等是汝之師因其出家彼師所墮汝亦
隨墮乃可取食若須菩提入諸耶見不到彼
岸住於八難不得无難同於煩惱離清淨法
汝得无諍三昧一切衆生亦得是定其施汝
者不名福田供養汝者墮三惡道為與衆魔
共一手作諸勞侶汝與衆魔及諸塵勞等无
有異於一切衆生而有怨心謗諸佛毀於法
不入衆數終不得滅度汝若如是乃可取食
時我世尊聞此茫然不識是何言不知以何
荅便置鉢欲出其舍維摩詰言唯須菩提取
鉢勿懼於意云何如來所作化人若以是事

詰寧有懼不我言不也維摩詰言一切諸法
如幻化相汝今不應有所懼也所以者何一
切言說不離是相至於智者不著文字故无
所懼何以故文字性離无有文字是則解脫
解脫相者則諸法也維摩詰說是法時二百天
子得法眼淨故我不任詣彼問疾
佛告富樓那彌多羅尼子汝行詣維摩詰問
疾富樓那白佛言世尊我不堪任詣彼問疾
所以者何憶念我昔於大林中在一樹下為
諸新學比丘說法時維摩詰來謂我言唯富
樓那先當入定觀此人心然後說法无以穢
食置於寶器當知是比丘心之所念无以瑠
璃同彼水精汝不能知衆生根原无得發起
以小乘法彼自无瘡勿傷之也欲行大道莫
示小徑无以大海內於牛跡无以日光等彼

示小徑无以大海内於牛跡无以日光等彼
螢火富樓那此比丘久發大乘心中忘此意
如何以小乘法而教導之我觀小乘智慧微
淺猶如盲人不能分別一切衆生根之利鈍
時維摩詰即入三昧令此比丘自識宿命曾
於五百佛所殖衆德本迴向阿耨多羅三藐
三菩提即時豁然還得本心於是諸比丘稽
首礼維摩詰足時維摩詰因為說法於阿耨
多羅三藐三菩提不復退轉我念聲聞不觀
人根不應說法是故不任詣彼問疾
佛告摩訶迦旃延汝行詣維摩詰問疾迦旃
延白佛言世尊我不堪任詣彼問疾所以者
何憶念昔者佛為諸比丘略說法要我即於
後敷演其義謂无常義苦義空義无我義寂

滅義時維摩詰來謂我言唯迦旃延无以生
滅心行說實相法迦旃延諸法畢竟不生不
滅是无常義五受陰洞達空无所起是苦義
諸法究竟无所有是空義於我无我而不二
是无我義法本不然今則无滅是寂滅義說
是法時彼諸比丘心得解脫故我不任詣彼
問疾
佛告阿那律汝行詣維摩詰問疾阿那律白
佛言世尊我不堪任詣彼問疾所以者何憶
念我昔於一處經行時有梵王名曰嚴淨與
万梵俱放淨光明來詣我所稽首作礼問我
言幾何阿那律天眼所見我即答言仁者吾
見此釋迦牟尼佛土三千大千世界如觀掌中
菴摩勒菓時維摩詰來謂我言唯阿那律天
眼所見為作相耶无作相耶假使作相則與外道

菴摩勒菓時維摩詰來謂我言唯阿那律天
眼所見為作相无作相耶假使作相則與外道
五通等若无作相即是无為不應有見世尊
我時嘿然彼諸梵聞其言得未曾有即為作
礼而問曰世孰有真天眼者維摩詰言有佛
世尊得真天眼常在三昧悉見諸佛國不以
二相於是嚴淨梵王及其眷屬五百梵天皆
發阿耨多羅三藐三菩提心礼維摩詰足
已忽然不現故我不任詣彼問疾
佛告優波離汝行詣維摩詰問疾優波離白
佛言世尊我不堪任詣彼問疾所以者何憶
念昔者有二比丘犯律行以為恥不敢問佛
來問我言唯優波離我等犯律誠以為恥不
敢問佛願解疑悔得免斯咎我即為其如法

解說時維摩詰來謂我言唯優波離无重增
此二比丘罪當直除滅勿擾其心所以者何
彼罪性不在內不在外不在中間如佛所說
心垢故衆生垢心淨故衆生淨心亦不在內
不在外不在中間如其心然罪垢亦然諸法
亦然不出於如如優波離以心相得解脫時
寧有垢不我言不也維摩詰言一切衆生心
相无垢亦復如是唯優波離妄想是垢无妄
想是淨顛倒是垢无顛倒是淨取我是垢不
取我是淨優波離一切法生滅不住如幻如
電諸法不相待乃至一念不住諸法皆妄見
如夢如炎如水中月如鏡中像以妄想生其
知此者是名奉律其知此者是名善解於是
二比丘言上智哉是優婆離所不及持律之
上而不能說我答言自捨如來未有聲聞及

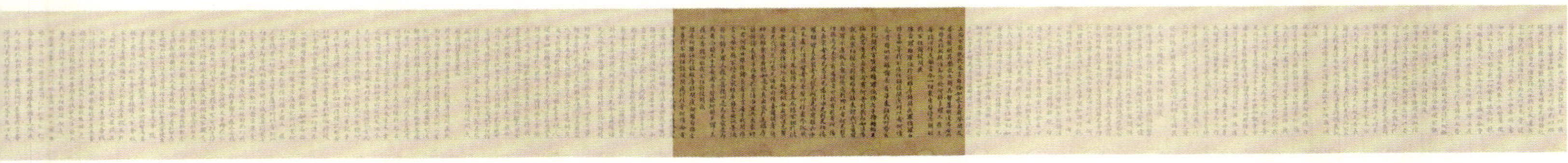

上而不能說我答言自捨如來未有聲聞及
菩薩能制其樂說之辯其智慧明達爲若此
也時二比丘疑悔即除發阿耨多羅三藐三
菩提心作是願言令一切衆生皆得是辯故
我不任詣彼問疾
佛告羅睺羅汝行詣維摩詰問疾羅睺羅白
佛言世尊我不堪任詣彼問疾所以者何憶
念昔時毗耶離諸長者子來詣我所稽首
作礼問我言唯羅睺羅汝佛之子捨轉輪王
位出家爲道其出家者有何等利我即如法爲
說出家功德之利時維摩詰來謂我言唯羅
睺羅不應說出家功德之利所以者何无利无
功德是爲出家有爲法者可說有利有功德
夫出家者爲无爲法无爲法中无利无功德

羅睺羅夫出家者无彼无此亦无中間離六十
二見處於涅槃智者所受聖所行處降伏衆
魔度五道淨五眼得五力立五根不惱於彼
離衆雜惡摧諸外道超越假名出淤泥无繫
著无我所无所受无擾亂内懷喜護彼意隨
禪定離衆過若能如是是真出家於是維摩
詰語諸長者子汝等於正法中宜共出家所
以者何佛世難值諸長者子言居士我聞佛
言父母不聽不得出家維摩詰言然汝等便
發阿耨多羅三藐三菩提心是即出家是即
具足尒時三十二長者子皆發阿耨多羅三
藐三菩提心故我不任詣彼問疾
佛告阿難汝行詣維摩詰問疾阿難白佛言
世尊我不堪任詣彼問疾所以者何憶念昔
時世尊身小有疾當用牛乳我即持鉢詣大

BD00463　維摩詰所説經卷上

世尊我不堪任詣彼問疾所以者何憶念昔
時世尊身小有疾當用牛乳我即持鉢詣大
婆羅門家門下立時維摩詰來謂我言唯阿
難何為晨朝持鉢住此我言居士世尊身小
有疾當用牛乳故來至此維摩詰言止止阿
難莫作是語如來身者金剛之體諸惡已断
衆善普會當有何疾當有何惱嘿往阿難勿
謗如來莫使異人聞此麁言无令大威德諸
天及他方淨土諸來菩薩得聞斯語阿難轉
輪聖王以少福故尚得無病豈况如來無量
福會普勝者哉行矣阿難勿使我等受斯耻也
外道梵志若聞此語當作是念何名為師自
疾不能救而能救諸疾人可密速去勿使人
聞當知阿難諸如來身即是法身非思欲身

佛為世尊過於三界佛身無漏諸漏已盡佛
身無為不墮諸數如此之當有何疾時我
世尊實懷慚愧得無近佛而謬聽耶即聞空
中聲曰阿難如居士言但為佛出五濁惡世
現行斯法度脫衆生行矣阿難取乳勿慚世
尊維摩詰智慧辯才為若此也是故不任詣
彼問疾如是五百大弟子各各向佛說其本
緣稱述維摩詰所言皆曰不任詣彼問疾

維摩詰經菩薩品第四

於是佛告彌勒菩薩汝行詣維摩詰問疾彌
勒白佛言世尊我不堪任詣彼問疾所以者
何憶念我昔為兜率天王及其眷屬說不退
轉地之行時維摩詰來謂我言彌勒世尊授
仁者記一生當得阿耨多羅三藐三菩提為
用何生得授記乎過去耶未來耶現在耶若

BD00463　維摩詰所説經卷上

仁者記一生當得阿耨多羅三藐三菩提為
用何生得授記乎過去耶未來耶現在耶若
過去生過去生已滅若未來生未來生未至
若現在生現在生無住如佛所說比丘汝今
即時亦生亦老亦滅若以無生得授記者無
生即是正位於正位中亦無授記亦無得阿
耨多羅三藐三菩提云何弥勒授一生記乎
為從如生得授記也為從如滅得授記耶若
以如生得授記者如無有生若以如滅得授
記者如無有滅一切衆生皆如也一切法亦
如也衆聖賢亦如也至於弥勒亦如也若弥
勒得授記者一切衆生亦應授記所以者何
夫如者不二不異若弥勒得阿耨多羅三藐
三菩提者一切衆生皆亦應得所以者何

切眾生即菩提相若彌勒得滅度者一切眾生
亦當滅度所以者何諸佛知一切眾生畢竟
寂滅即涅槃相不復更滅是故彌勒無以此
法誘諸天子實無發阿耨多羅三藐三菩提
心者亦無退者彌勒當令此諸天子捨於分
別菩提之見所以者何菩提者不可以身得
不可以心得寂滅是菩提滅諸相故不觀是
菩提離諸緣故不行是菩提無憶念故斷是
菩提捨諸見故離是菩提離諸妄想故鄣是
菩提鄣諸願故不入是菩提無貪著故順是
菩提順於如故住是菩提住法性故至是菩提至
實際故不二是菩提離意法故等是菩提
等虛空故無為是菩提無生住滅故智是菩
提了眾生心行故不會是菩提諸入不會故
不合是菩提離煩惱習故無處是菩提無形

BD00463　維摩詰所說經卷上

提了衆生心行故不會是菩提諸入不會故
不合是菩提離煩惱習故無處是菩提無形
色故假名是菩提名字空故如化是菩提無
取捨故無亂是菩提常自靜故善寂是菩提
性清淨故無取是菩提離攀緣故無異是菩
提諸法等故無比是菩提無可喻故微妙是
菩提諸法難知故世尊維摩詰說是法時二
百天子得無生法忍故我不任詣彼問疾
佛告光嚴童子汝行詣維摩詰問疾光嚴白
佛言世尊我不堪任詣彼問疾所以者何憶
念我昔出毗耶離大城時維摩詰方入城我
即為作礼而問言居士從何所來答我言吾
從道場來我問道場者何所是答曰直心是
道場無虛假故發行是道場能辦事故深心

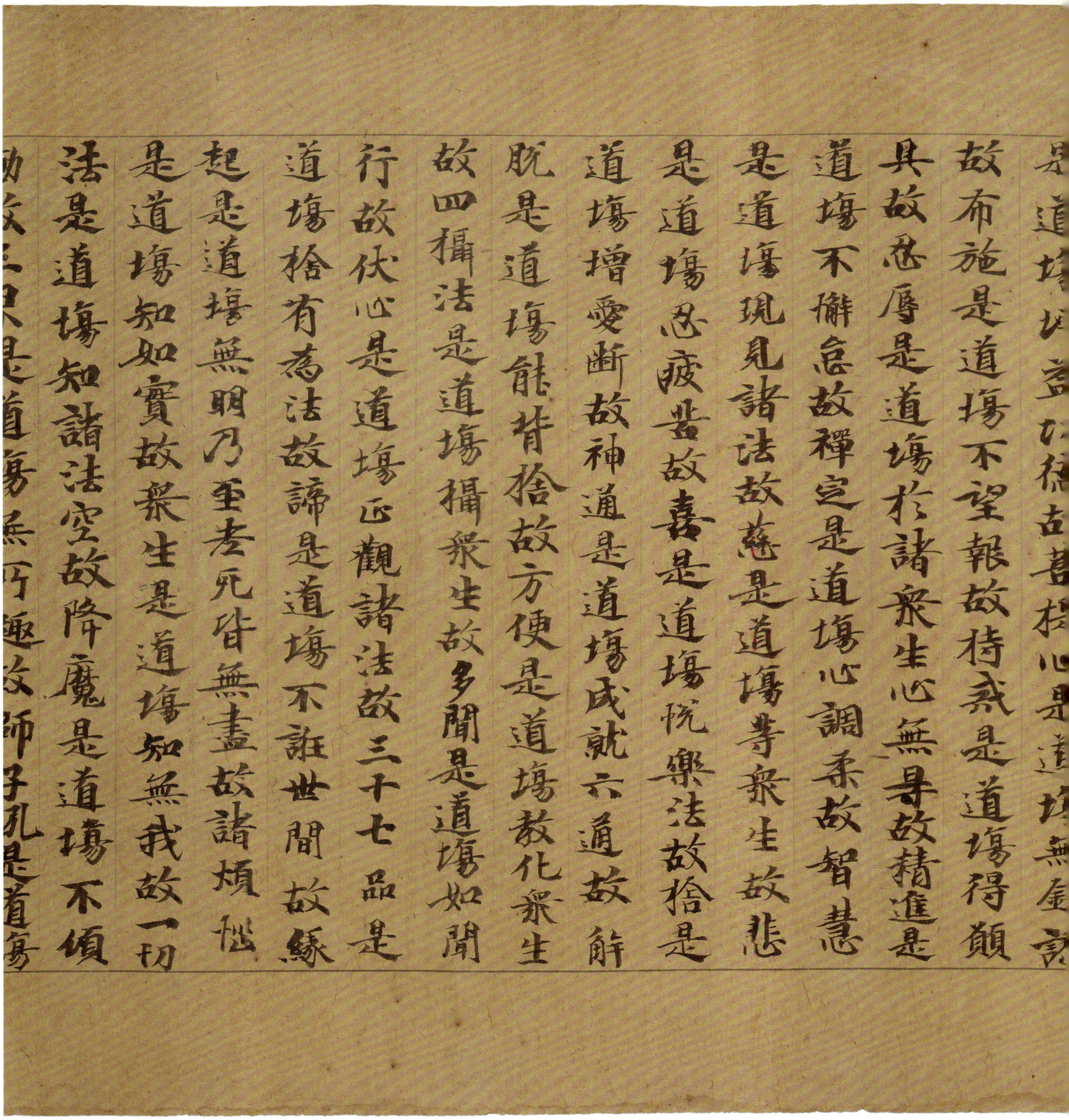

是道塲增益功德故菩提心是道塲無錯謬
故布施是道塲不望報故持戒是道塲得願
具故忍辱是道塲於諸衆生心無㝵故精進是
道塲不懈怠故禪定是道塲心調柔故智慧
是道塲現見諸法故慈是道塲等衆生故悲
是道塲忍疲苦故喜是道塲悅樂法故捨是
道塲增愛斷故神通是道塲成就六通故解
脫是道塲能背捨故方便是道塲教化衆生
故四攝法是道塲攝衆生故多聞是道塲如聞
行故伏心是道塲正觀諸法故三十七品是
道塲捨有爲法故諦是道塲不誑世間故緣
起是道塲無明乃至老死皆無盡故諸煩惱
是道塲知如實故衆生是道塲知無我故一切
法是道塲知諸法空故降魔是道塲不傾
動故三界是道塲無所趣故師子吼是道塲

BD00463　維摩詰所説經卷上

法是道場知諸法空故降魔是道場不傾
動故三界是道場無所趣故師子吼是道場
無所畏故力無畏不共法是道場無諸過故
三明是道場無餘㝵故一念知一切法是道場
成就一切智故如是善男子菩薩若應諸波
羅蜜教化衆生諸有所作舉足下足當知皆
從道場來住於佛法矣說是法時五百天
人皆發阿耨多羅三藐三菩提心故我不任
詣彼問疾
佛告持世菩薩汝行詣維摩詰問疾持世白
佛言世尊我不堪任詣彼問疾所以者何憶念
我昔住於靜室時魔波旬從万二千天女狀
如帝釋鼓樂絃歌來詣我所與其眷屬稽首
我足合掌恭敬於一面立我意謂是帝釋而

語之言善哉憍尸迦雖福應有不當自恣
當觀五欲無常以求善本於身命財而修堅
法即語我言正士受是万二千天女可備掃
灑我言憍尸迦無以此非法之物要我沙門釋
子此非我宜所言未訖時維摩詰來謂我言
非帝釋也是為魔來嬈固汝耳即語魔 言
是諸女等可以與我如我應受魔即驚懼念
維摩詰將無惱我欲隱形去而不能隱盡其
神力亦不得去即聞空中聲曰波旬以女與之
乃可得去魔以畏故俛仰而與尒時維摩詰語
諸女言魔以汝等與我今汝皆當發阿耨多羅
三藐三菩提心即隨所應而為說法 令 發 道
意復言汝等已發道意有法樂可以自娛不
應復樂五欲樂也天女即問何謂法樂答言樂
常信佛樂欲聽法樂供養眾樂離五欲樂

應復樂五欲樂也天女即問何謂法樂荅言樂
常信佛樂欲聽法樂供養衆樂離五欲樂
觀五陰如怨賊樂觀四大如毒虵樂觀內入如
空聚樂隨護道意樂饒益衆生樂敬養師
樂廣行施樂堅持戒樂忍辱柔和樂懃集善
根樂禪定不亂樂離垢明慧樂廣菩提心樂降
伏衆魔樂斷諸煩惱樂淨佛國土樂成就相
好故樂脩諸功德樂莊嚴道場樂聞深法不畏
樂三脫門不樂非時樂近同學樂於非同學
中心無恚㝵樂將護惡知識樂近善知識樂
心喜清淨樂脩無量道品之法是為菩薩法
樂於是波旬告諸女言我欲與汝俱還天宮
諸女言以我等與此居士有法樂我等甚樂
不復樂々五欲樂也魔言居士可捨此女一切

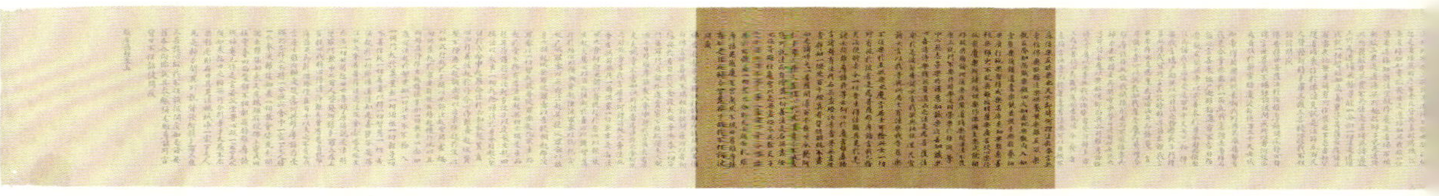

所有施於彼者是爲菩薩維摩詰言我已捨
矣汝便將去令一切衆生得法願具足於是
諸女問維摩詰我等云何止於魔宮維摩詰
言諸姊有法門名無盡燈汝等當學無盡燈
者譬如一燈然百千燈冥者皆明明終不盡
如是諸姊夫一菩薩開導百千衆生令發阿
耨多羅三藐三菩提心於其道意亦不滅盡
隨所說法而自增益一切善法是名無盡燈
也汝等雖住魔宮以是無盡燈令無數天子
天女發阿耨多羅三藐三菩提心者爲報佛
恩亦大饒益一切衆生尒時天女頭面礼維
摩詰足隨魔還宮忽然不現世尊維摩詰
有如是自在神力智慧辯才故我不任詣彼
問疾
佛告長者子善德汝行詣維摩詰問疾善德

問疾

佛告長者子善德汝行詣維摩詰問疾善德
白佛言世尊我不堪任詣彼問疾所以者何
憶念我昔自於父舍設大施會供養一切沙
門婆羅門及諸外道貧窮下賤孤獨乞人期
滿七日時維摩詰來入會中謂我言唯長者子
夫大施會不當如汝所設當為法施之會何用
是財施會為我言居士何謂法施之會法施
會者無前無後一時供養一切衆生是名法
施之會何謂也謂以菩提起於慈心以救衆
生起大悲心以持正法起於喜心以攝智慧
行於捨心以攝慳貪起檀波羅蜜以化犯戒
起尸波羅蜜以無我法起羼提波羅蜜以離
身心相起毗梨耶波羅蜜以菩提相起禪波

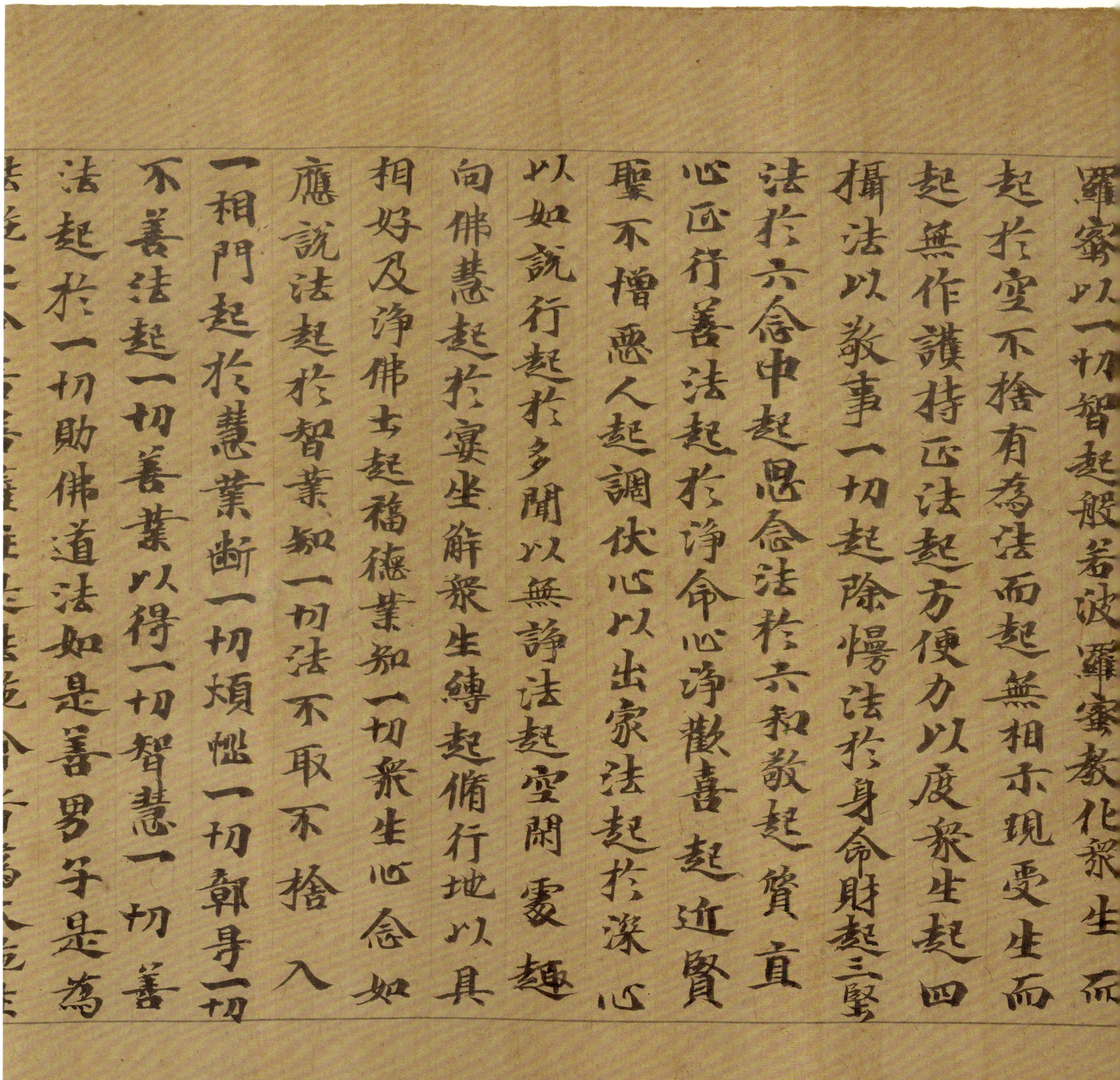

羅蜜以一切智起般若波羅蜜教化衆生而
起於空不捨有爲法而起無相示現受生而
起無作護持正法起方便力以度衆生起四
攝法以敬事一切起除慢法於身命財起三堅
法於六念中起思念法於六和敬起質直
心正行善法起於淨命心淨歡喜起近賢
聖不憎惡人起調伏心以出家法起於深心
以如說行起於多聞以無諍法起空閑處趣
向佛慧起於宴坐解衆生縛起脩行地以具
相好及淨佛土起福德業知一切衆生心念如
應說法起於智業知一切法不取不捨入
一相門起於慧業斷一切煩惱一切鄣㝵一切
不善法起一切善業以得一切智慧一切善
法起於一切助佛道法如是善男子是爲
法施之會若菩薩住是法施會者爲大施主

BD00463　維摩詰所説經卷上

善法起一切善以從一切智慧一切善
法起於一切助佛道法如是善男子是為
法施之會若菩薩住是法施會者為大施主
亦為一切世間福田世尊維摩詰說是法時
婆羅門衆中二百人皆發阿耨多羅三藐三
菩提心我時心得清淨歎未曾有稽首禮維
摩詰足即解瓔珞價直百千以上之不肯取我
言居士願必納受隨意所與維摩詰乃受
瓔珞分作二分持一分施此會中一最下乞人持
一分奉彼難勝如來一切衆會皆見光明
國土難勝如來又見珠瓔在彼佛上變成四
柱寶臺四面嚴飾不相鄣蔽時維摩詰
現神變已作是言若施主等心施一最下乞人
猶如如來福田之相無所分別等于大悲不求
果報是則名曰具足法施城中一最下乞人

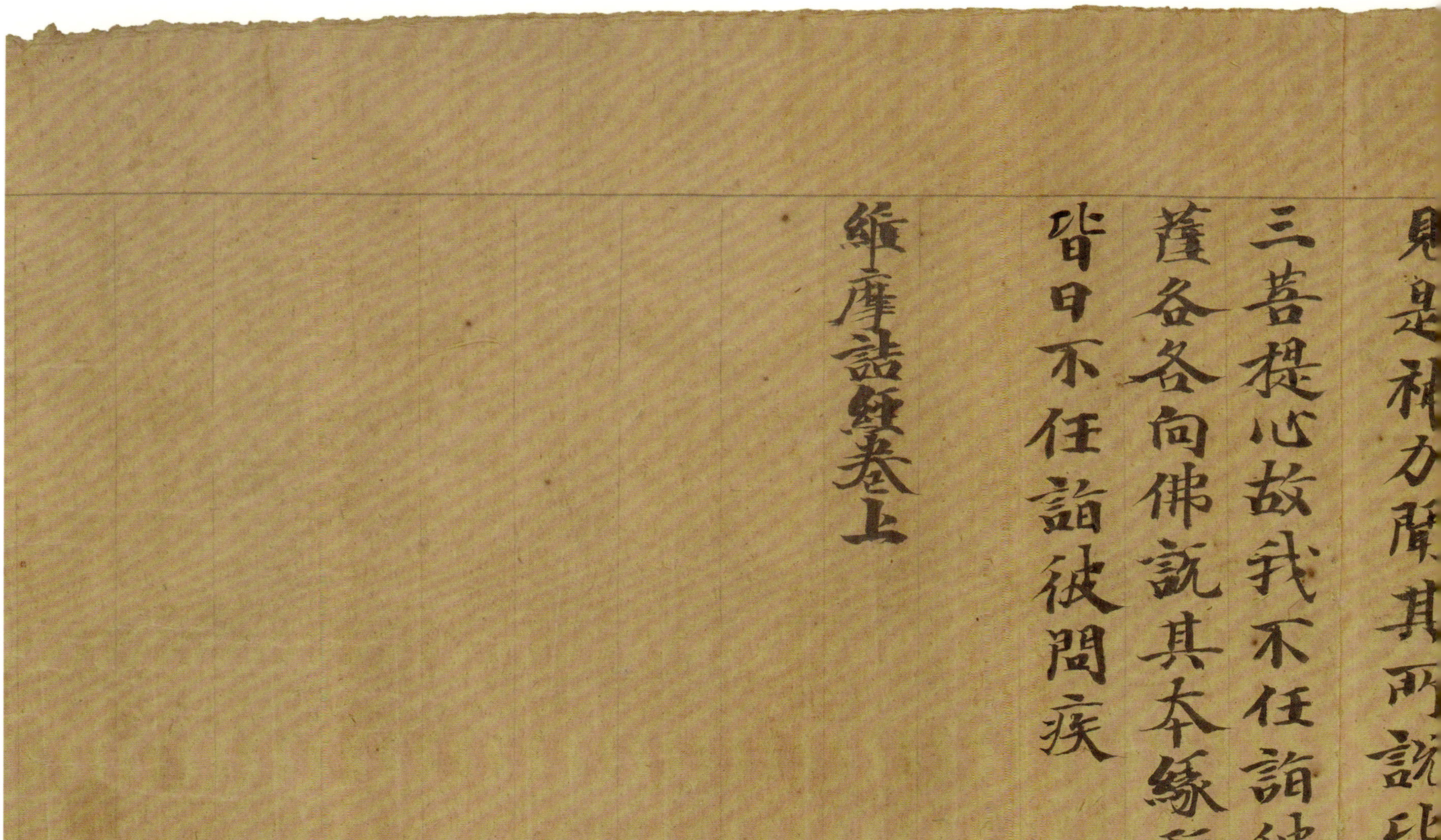

見是神力聞其所說皆發阿耨多羅三藐
三菩提心故我不任詣彼問疾如是諸菩
薩各各向佛說其本緣稱述維摩詰所言
皆曰不任詣彼問疾

維摩詰經卷上

BD00463　維摩詰所説經卷上

維摩詰經卷上

圖書在版編目（CIP）數據

中國國家圖書館藏敦煌文獻．第三三册 / 中國國家圖書館編．—北京：國家圖書館出版社，2024.12

ISBN 978-7-5013-7956-9

Ⅰ．①中… Ⅱ．①中… Ⅲ．①敦煌學—文獻 Ⅳ．① K870.6

中國國家版本館 CIP 數據核字（2024）第 036515 號

書　　名	中國國家圖書館藏敦煌文獻·第三三册
著　　者	中國國家圖書館　編
項目統籌	魏　崇　殷夢霞
責任編輯	程魯潔　潘　竹　黄　鑫　苗文葉
責任校對	王　哲
出版發行	國家圖書館出版社（北京市西城區文津街 7 號　100034） （原書目文獻出版社　北京圖書館出版社） 010-66114536　63802249　nlcpress@nlc.cn（郵購）
網　　址	http://www.nlcpress.com
排版印裝	天津裕同印刷有限公司
版次印次	2024 年 12 月第 1 版　2024 年 12 月第 1 次印刷
開　　本	787 × 1092　1/8
印　　張	40.5
書　　號	ISBN 978-7-5013-7956-9
定　　價	2800.00 圓